PLÄTZCHEN & KEKSE

PLÄTZCHEN & KEKSE

KÖSTLICH-KREATIVE IDEEN ZUM BACKEN UND DEKORIEREN VON PLÄTZCHEN

ELIZABETH WOLF COHEN

KÖNEMANN

This book was designed and produced by
Quintet Publishing Limited
6 Blundell Street
London N7 9BH

Creative Director: Richard Drewing
Designer: Ian Hunt
Project Editor: Anna Briffa
Photographer: Nick Bailey

Original title: The Complete Cookie Book

Bonner Str. 126, D–50968 Köln
Redaktion und Satz der deutschen Ausgabe:
Königsdorfer Verlags- und Redaktionsbüro, Frechen
Übersetzung aus dem Englischen:
Franca Fritz und Heinrich Koop, Köln
Druck und Bindung: Sing Cheong Printing Co., Ltd.
Printed in Hong Kong

ISBN3–89508–195–7

INHALT

EINLEITUNG

Mein allererster Backversuch brachte ein Blech mit Schokostreuselplätzchen hervor, auf die ich durch eine Anleitung auf der Rückseite einer Schokostreuselpackung gestoßen war. Die Herstellung dieser Plätzchen setzte nicht viel Erfahrung voraus, dennoch waren meine drei jüngeren Brüder begeistert davon, und die Plätzchen erweckten in mir die Freude am Backen.

In Amerika wurden die ersten Plätzchen von den frühen niederländischen Siedlern eingeführt, die aus ihrer Heimat *Koekjes* oder »kleine Kuchen« mitbrachten. Ihre Herstellung war manchem Zufall überlassen, und erst nach der allgemeinen Einführung von Holz- und Kohleöfen war das Backen von Plätzchen keine reine Glückssache mehr. Zu Beginn des 20. Jahrhunderts erfreuten sich Plätzchen solch großer Beliebheit, daß man spezielle Gefäße und Dosen zu ihrer Aufbewahrung herstellte.

Jedes Land kennt seine eigene Plätzchenspezialität: Schokostreusel- und Schokoladenplätzchen aus Amerika, Teegebäck wie etwa Sherryplätzchen aus England, Butterkekse aus Schottland, Tuiles aus Frankreich, Pfefferkuchen aus Deutschland und anderen europäischen Ländern.

Plätzchen zählen zu den kleinen Freuden des Lebens; selbst rigorose Kalorienzähler, die strikt gegen Süßigkeiten sind, schlagen hin und wieder über die Stränge und genießen ein Plätzchen zu einem Glas Milch, einer Tasse Kaffee oder Tee. Das Schöne an Plätzchen ist, daß sie sich meist auch ganz leicht backen lassen.

Die folgenden sechs Plätzchengrundtypen orientieren sich an der Methode, mit der der Teig geformt wird.

PLÄTZCHEN AUS RÜHRTEIG werden mit einem Löffel direkt auf das Backblech gegeben, wobei man etwa 5 cm Platz zwischen den Plätzchen lassen sollte.

PLÄTZCHEN AUS FORMEN UND MODELN werden mit den Händen zu Kugeln und Strängen geformt oder in Modeln gebacken. Da der Teig kaum aufgeht, kann man die Plätzchen dicht nebeneinander auf das Blech legen.

PLÄTZCHEN AUS MÜRBETEIG entstehen aus einem mächtigen, festen Teig, der zu dicken Strängen gerollt und vor dem Backen in Scheiben geschnitten wird. Der Teig ist im Kühlschrank mehrere Tage und tiefgefroren maximal sechs Monate haltbar – ein großer Vorteil, da man so jederzeit schnell und bequem frische Plätzchen backen kann.

PLÄTZCHEN AUS AUSSTECHFÖRMCHEN benötigen einen Teig, der mit dem Nudelholz flach ausgerollt und mit Plätzchenförmchen oder einem Messer ausgestochen bzw. ausgeschnitten werden kann. Bei Kindern sind die in vielen Größen und Formen erhältlichen Förmchen besonders beliebt. Viele dieser Plätzchen verziert man nach dem Backen mit einem bunten Dekor aus Zuckerguß.

PLÄTZCHEN AUS SPRITZBEUTEL UND GEBÄCKPRESSE erhalten ihre jeweilige Form, indem der Teig durch einen Spritzbeutel oder eine Gebäckpresse auf das Backblech gepreßt wird.

PLÄTZCHEN VOM BLECH sind aus einem weichen Teig gefertigt, der gleichmäßig auf ein flaches Backblech verteilt, eventuell belegt und nach dem Backen in Riegel, Rauten, Quadrate oder Dreiecke geschnitten wird.

PLÄTZCHEN FÜR BESONDERE ANLÄSSE basieren auf den oben vorgestellten Backmethoden, erhalten zusätzlich aber eine besondere Form oder werden fritiert bzw. im Waffeleisen gebacken.

So gelingen Plätzchen und Kekse

Obwohl die Herstellung von Gebäck im allgemeinen keine große Erfahrung oder Küchenausstattung erfordert, sollten Sie die folgenden Rezepte dennoch sorgfältig durchlesen, bevor Sie zur Rührschüssel greifen. Außerdem empfiehlt es sich, alle benötigten Zutaten auf der Anrichte aufzustellen und nach dem Gebrauch wieder an den angestammten Platz im Schrank oder Regal zu räumen.

Ausrüstung und Backformen

Nahezu jeder Plätzchenteig kann von Hand oder mit einer Küchenmaschine bzw. einem elektrischen Handrührgerät gefertigt werden. Ich empfehle das Handrührgerät, da es eine bessere Kontrolle des Teigs ermöglicht. Am besten verwenden Sie qualitativ hochwertige, flache Aluminiumbleche, die mindestens 5 cm kleiner sein sollten als der Innenraum Ihres Backofens, damit die Hitze gleichmäßig zirkulieren kann. Für manche Gebäckarten eignen sich beschichtete Backbleche hervorragend, während andere Plätzchensorten bei diesen Blechen zu stark auseinandergehen. Im Fachhandel sind inzwischen auch professionelle Backbleche mit exzellenten Backeigenschaften erhältlich, die sich für dünne Plätzchen oder Baisers eignen, die von unten häufig zu schnell bräunen.

Die Bleche sollten nur dann eingefettet werden, wenn es die Rezeptanleitung vorsieht, da die Plätzchen sonst zu stark auseinandergehen und zu dünn werden könnten. Obwohl die meisten butterhaltigen Teige kein gefettetes Blech benötigen, kann man mit Hilfe eines Backpinsels eine gleichmäßige, dünne Schicht Butter auftragen, die verhindert, daß die Plätzchen anbacken. Darüber hinaus sollten Sie die Plätzchen gleichmäßig auf dem Backblech verteilen und keine größeren Lücken lassen. Wenn Sie mit zwei Blechen arbeiten, plazieren Sie sie jeweils im oberen und unteren Drittel des Backofens, während ein einzelnes Blech immer in die mittlere Schiene des Ofens geschoben werden sollte. Nach der Hälfte der Backzeit tauschen Sie die beiden Bleche (das obere nach unten und umgekehrt) und drehen die Bleche zusätzlich. Falls Sie nicht genügend Backbleche besitzen, arrangieren Sie die ungebackenen Plätzchen auf fertig zugeschnittenen Bögen Aluminiumfolie oder Backpapier. Fertige Plätzchen sollten, sobald sie aus dem Ofen kommen, zum Abkühlen auf ein Kuchengitter gelegt werden. Anschließend sollten Sie den Bogen Aluminiumfolie mit den nächsten Plätzchen auf das Blech schieben, um sofort weiterbacken zu können. Zum Abkühlen des Blechs kaltes Wasser über die Blechrückseite laufen lassen und das Blech abtrocknen.

Mischen der Zutaten und Backen

Wie bei allen Backrezepten sollten Sie auch die Zutaten für Ihre Plätzchen sorgfältig wiegen und abmessen. So erzielt man eine bessere Mischung trockener Zutaten und verhindert die Bildung von Klümpchen. Butter und Quark sollten mit dem Zucker schaumig geschlagen werden, während man Mehl und andere trockene Zutaten nur vorsichtig unterrühren darf, da der Teig sonst zäh wird. Außerdem empfiehlt es sich, den Backofen auf die benötigte Temperatur vorzuheizen, die Backzeit auf einer Küchenuhr einzustellen und ein paar Minuten vor Ende der angegebenen Backzeit zu überprüfen, ob die Plätzchen bereits fertig sind. Lassen Sie sie auf keinen Fall zu lange im Ofen, da sie sonst zu trocken werden und altbacken schmecken, denn die Plätzchen garen, auch nachdem sie aus dem Ofen sind, noch eine Weile nach. Sobald sie fest sind, sollten Sie die Plätzchen vom Blech nehmen und nebeneinander auf einem Kuchengitter abkühlen lassen.

Tips für die Aufbewahrung

Die meisten Plätzchen lassen sich in luftdicht verschlossenen Gefäßen oder Keksdosen problemlos aufbewahren. Allerdings sollten unterschiedliche Plätzchensorten nie zusammen gelagert werden, da sich die verschiedenen Aromen vermischen können und feuchte Plätzchen knusprige Kekse weich werden lassen. Besonders zerbrechliche oder klebrige Plätzchen trennt man mit Hilfe von Butterbrotpapier oder Aluminiumfolie.

Fast alle Plätzchenteige sind im Kühlschrank mehrere Tage und tiefgefroren bis zu sechs Monaten haltbar. Es empfiehlt sich, den gefrorenen Teig im Tiefkühlbeutel bei Zimmertemperatur auftauen zu lassen, bis Sie ihn entsprechend formen bzw. schneiden und backen können. Mürbeteig sollte in Klarsichtfolie gewickelt und so lange im Kühlschrank aufbewahrt werden, bis er sich problemlos in Scheiben schneiden läßt.

Obwohl die meisten Menschen frisch gebackene Plätzchen bevorzugen, können auch fertig gebackene Plätzchen tiefgefroren und bei Bedarf aufgetaut werden.

KAPITEL

1

Plätzchen aus Rührteig

Dieser Plätzchenteig wird mit einem Löffel direkt auf das Backblech gegeben. Lassen Sie genügend Platz dazwischen, da die Plätzchen noch auseinandergehen.

LEBKUCHEN

LINKS UND UNTEN

ERGIBT UNGEFÄHR 36 STÜCK

Dieser berühmte Honigkuchen, ein traditionelles österreichisches Weihnachtsgebäck von fast kuchenartiger Konsistenz, wird mit Honig und Gewürzen verfeinert. Er ist mehrere Monate haltbar.

ZUTATEN

- ◊ 225 g Weizenmehl
- ◊ 50 g Roggenmehl
- ◊ 2 TL Backpulver
- ◊ 1 1/2 TL Zimt
- ◊ 1 TL Muskat
- ◊ 1 TL Gewürznelken
- ◊ 1 TL Piment
- ◊ 1/2 TL schwarzer Pfeffer, feingemahlen
- ◊ 1/2 TL Salz
- ◊ 1 Ei, leicht geschlagen
- ◊ 375 g heller Honig
- ◊ 115 g brauner Zucker
- ◊ geriebene Schale von 1 Zitrone
- ◊ 1 EL Zitronensaft, frischgepreßt
- ◊ 115 g Mandeln oder Walnüsse, gehackt
- ◊ 50 g Zitronat

GLASUR

- ◊ 280 g Puderzucker, gesiebt
- ◊ 4 TL Zitronensaft
- ◊ 3 TL Wasser

◊ Backofen auf 180 °C vorheizen. Zwei große Backbleche leicht einfetten. Mehl, Backpulver, Zimt, Muskat, Gewürznelken, Piment sowie Pfeffer und Salz in eine große Schüssel geben. Etwa 115 g dieser Mischung beiseite stellen, in die Mitte der restlichen Mischung eine Vertiefung drücken und Ei, Honig, Zucker, Zitronenschale und Saft hinzufügen.

◊ Zutaten mit dem Handrührgerät bei niedrigster Stufe verrühren, Nüsse, Zitronat und die restliche Mehlmischung dazugeben und zu einem festen Teig verarbeiten.

◊ Pro Lebkuchen 1 gehäuften Eßlöffel Teig auf das Blech geben, dazwischen 5 cm Platz lassen. Die Lebkuchen etwa 20 Minuten backen, bis an einem in die Mitte des Gebäcks gesteckten Holzstäbchen beim Herausziehen kein Teig mehr haftet.

◊ Für die Glasur Puderzucker, Zitronensaft und Wasser in einer kleinen Schüssel vermischen. Die Lebkuchen auf ein Kuchengitter legen, das auf einem Bogen Backpapier steht (um herabtropfende Glasur aufzufangen) und mit etwas Glasur bestreichen. (Die Glasur wird während des Trocknens auseinanderbrechen.) Die Lebkuchen in luftdicht verschlossenen Dosen aufbewahren.

Traditionelle Vanilletaler

OHNE ABBILDUNG

ERGIBT UNGEFÄHR 48 STÜCK

Die leichten, leckeren Taler wecken bei mir Erinnerungen an die köstlichen Vanillewaffeln meiner Kindheit – diese Plätzchen aber sind noch besser.

ZUTATEN

◊ 100 g Weizenmehl
◊ 3/4 TL Backpulver
◊ 1/4 TL Salz
◊ 115 g weiche Butter
◊ 220 g Zucker
◊ 1 TL Vanillearoma
◊ 1 Ei, leicht geschlagen

◊ Backofen auf 180 °C vorheizen. Mehl, Backpulver und Salz in eine Schüssel geben. Die Butter in einer anderen Schüssel 1–2 Minuten schaumig schlagen, Zucker hinzufügen und weitere 2 Minuten schlagen, bis die Mischung locker und luftig ist. Vanillearoma und das Ei hinzugeben, dann die Mehlmischung sorgfältig unterrühren.

◊ Pro Plätzchen 1/2 Eßlöffel Teig auf zwei ungefettete Backbleche geben, dazwischen 5–7,5 cm Platz lassen. Die Taler 10–12 Minuten backen, bis sie an den Rändern goldbraun, in der Mitte aber noch hell sind. Nach der Hälfte der Backzeit die Backbleche tauschen und drehen (von oben nach unten, von vorne nach hinten). Backbleche aus dem Herd nehmen und die noch warmen Taler vorsichtig auf ein Kuchengitter legen und vollständig abkühlen lassen. Den restlichen Teig auf die gleiche Weise verarbeiten.

◊ Die knusprigen Taler sind sehr zerbrechlich, können aber in luftdicht verschlossenen Dosen mit einem Stück Butterbrotpapier zwischen den einzelnen Lagen aufbewahrt werden.

Fruchtige Haferplätzchen

OBERES SEITENDRITTEL

ERGIBT UNGEFÄHR 36 STÜCK

Besonders saftige Plätzchen erhält man durch grobe Haferflocken.

ZUTATEN

◊ 375 g Rosinen
◊ 185 g Sultaninen
◊ 250 ml kochendes Wasser
◊ 185 g weiche Butter
◊ 360 g brauner Zucker
◊ 2 Eier, leicht geschlagen
◊ 1 1/2 TL Vanillearoma
◊ 400 g Weizenmehl
◊ 1/2 TL Backpulver
◊ 1 1/2 TL Natron
◊ 1 TL Salz
◊ 2 TL Zimt
◊ 1 TL Ingwerpulver
◊ 1/2 TL Gewürznelken
◊ 185 g Haferflocken
◊ 225 g Pekan- oder Walnüsse, gehackt und leicht geröstet
◊ 280 g Backpflaumen, entsteint und gehackt
◊ 115 g Datteln, entsteint und gehackt

◊ Rosinen und Sultaninen in eine Schüssel geben, das kochende Wasser darübergießen und abgedeckt etwa 30 Minuten ruhen lassen. Abtropfen lassen, aber 90 ml des Einweichwassers beiseite stellen.

◊ Backofen auf 200 °C vorheizen. Zwei Backbleche leicht einfetten. Mit dem Handrührgerät die Butter in einer großen Schüssel 30 Sekunden schaumig schlagen, Zucker hinzufügen und schlagen, bis die Mischung locker und luftig ist. Vanillearoma und Eier vorsichtig unterrühren.

◊ Mehl, Backpulver, Natron, Salz, Zimt, Ingwer und Gewürznelken in eine Schüssel geben und die Buttermischung abwechselnd mit dem aufgefangenen Einweichwasser unter die Mehlmischung rühren. Anschließend Haferflocken, Pekan- oder Walnüsse, Backpflaumen, Datteln und eingeweichte Rosinen hinzufügen.

◊ Pro Plätzchen 1 gehäuften Eßlöffel Teig auf die Backbleche geben, dazwischen mindestens 7,5 cm Platz lassen. Die Plätzchen 6–8 Minuten backen, bis sie goldbraun sind. Backbleche 2 Minuten auf einem Kuchengitter abstellen, dann die Plätzchen auf Kuchengittern abkühlen lassen. Den restlichen Teig auf die gleiche Weise verarbeiten. Plätzchen in luftdicht verschlossenen Dosen aufbewahren.

Schokoladen-Bananen-Plätzchen

LINKS UND UNTEN

ERGIBT UNGEFÄHR 15 STÜCK

Ein ideales Rezept zur Verwendung reifer Bananen, die auf diese Weise in runde, fast kuchendicke Köstlichkeiten verwandelt werden.

ZUTATEN

- ◊ 185 g Weizenmehl
- ◊ 50 g Vollkornweizenmehl
- ◊ 30 g Kakao
- ◊ 2 TL Backpulver
- ◊ 1/4 TL Natron
- ◊ 1 TL Zimt
- ◊ 1/2 TL Salz
- ◊ 185 g Zartbitter-Schokolade, gehackt
- ◊ 185 g weiche Butter
- ◊ 115 g Zucker
- ◊ 90 g brauner Zucker
- ◊ 2 große reife Bananen, zerdrückt
- ◊ 1 TL Vanillearoma
- ◊ 2 Eier, leicht geschlagen
- ◊ 225 g Schokostreusel
- ◊ 185 g weiße Schokolade, in 6 mm große Stücke gehackt
- ◊ 115 g Walnüsse, grob gehackt
- ◊ 185 g Sultaninen

◊ Vier große Backbleche mit Aluminiumfolie auslegen (die glänzende Seite nach oben). Mehl, Kakao, Backpulver, Natron, Zimt und Salz in eine große Schüssel geben. Schokolade unter ständigem Rühren im Wasserbad schmelzen, vom Herd nehmen und etwas abkühlen lassen.

◊ Mit dem elektrischen Handrührgerät die Butter in einer großen Schüssel 30 Sekunden schaumig schlagen, Zucker, zerdrückte Bananen und Vanillearoma hinzufügen und sorgfältig verrühren. Die abgekühlte flüssige Schokolade nach und nach dazugeben und weitere 1–2 Minuten schlagen, bis die Mischung hell wird. Anschließend die Eier vorsichtig unterrühren.

◊ Dann die Mehlmischung vorsichtig dazugeben und Schokostreusel, weiße Schokolade, Walnüsse und Sultaninen sorgfältig unterrühren. Mit einem Eisportionierer kleine Teighäufchen auf die vorbereiteten Backbleche setzen, dazwischen 7,5 cm Platz lassen. Den Boden eines Trinkglases anfeuchten und die Häufchen etwas abflachen. Auf diese Weise entstehen 5–6 Plätzchen pro Backblech. Die Bleche 20 Minuten in den Kühlschrank stellen.

◊ Backofen auf 190 °C vorheizen. Beide Bleche 15–20 Minuten in den Ofen schieben. Nach der Hälfte der Backzeit die Backbleche tauschen und drehen (von oben nach unten, von vorne nach hinten). Die Plätzchen nicht zu lange backen; sie sind fertig, wenn sich die Oberfläche fest anfühlt. Backbleche 2 Minuten auf einem Kuchengitter abstellen und die noch warmen Plätzchen vorsichtig auf ein Kuchengitter legen und vollständig abkühlen lassen. Den restlichen Teig auf die gleiche Weise verarbeiten. Die gekühlten Backbleche 10 Minuten vor dem Backen aus dem Kühlschrank nehmen. Plätzchen in luftdicht verschlossenen Dosen aufbewahren.

TIP

Backen Sie die Plätzchen auf zwei übereinandergelegten Blechen, damit der Boden nicht zu schnell bräunt. Wenn Sie nur zwei Backbleche besitzen, können Sie den Teig auf mehrere Bögen Aluminiumfolie verteilen, die Folie auf das nächste freie (abgekühlte!) Backblech schieben und die nächste Lage Plätzchen backen.

Schokoladen-Haselnuss-Happen

LINKS UND OBEN

ERGIBT UNGEFÄHR 24 STÜCK

Obwohl diese Baisers genaugenommen nicht unter die Kategorie »Plätzchen« fallen, gehören sie jedes Jahr zu den beliebtesten Weihnachtsplätzchen.

ZUTATEN

- ◊ 4 Eiweiß (Zimmertemperatur)
- ◊ 1/4 TL Weinstein
- ◊ 220 g Zucker
- ◊ 1 TL Maisstärke (Mondamin)
- ◊ 2 TL Vanillearoma
- ◊ 115 g Haselnüsse, geröstet und grobgehackt
- ◊ 225 g Schokostreusel

◊ Backofen auf 110 °C vorheizen. Zwei große Backbleche mit Aluminiumfolie auslegen (die glänzende Seite nach oben).

◊ Mit dem elektrischen Handrührgerät Eiweiß in einer großen Schüssel bei niedrigster Stufe schaumig schlagen. Weinstein hinzufügen und bei mittlerer Stufe das Eiweiß steif schlagen. 2 Eßlöffel Zucker mit der Maisstärke verrühren und beiseite stellen. Den restlichen Zucker löffelweise nach und nach etwa 20 Minuten unter das Eiweiß schlagen, bis der Zucker vollständig aufgelöst ist und der Eischnee steif ist und glänzt. Dann nacheinander Zucker-Maisstärke-Mischung, Vanillearoma, Nüsse und Schokostreusel unterheben.

◊ Mit einem Eßlöffel etwas Teigmasse abstechen und mit einem zweiten Löffel auf das Blech geben. Die Happen können ruhig eine ungleichmäßige Oberfläche aufweisen.

◊ Die Happen 2 Stunden backen; nach der Hälfte der Backzeit die Backbleche tauschen und drehen (von oben nach unten, von vorne nach hinten). Den Backofen abstellen, aber erst nach 1 weiteren Stunde öffnen. Die Happen sollten vollständig getrocknet, aber noch nicht gebräunt sein. Backbleche aus dem Ofen nehmen, Happen von der Folie lösen und in luftdicht verschlossenen Dosen aufbewahren. Dabei nicht stapeln, damit die Spitzen nicht abbrechen.

Haselnuss-Zitronen-Bissen

OHNE ABBILDUNG

ERGIBT UNGEFÄHR 16 STÜCK

Diese Baisers sind außen knusprig und innen saftig.

ZUTATEN

- ◊ 4 Eiweiß (Zimmertemperatur)
- ◊ 155 g Zucker
- ◊ 225 g Haselnüsse, gehackt
- ◊ 90 g Zitronat
- ◊ Zitronat zum Dekorieren

◊ Backofen auf 120 °C vorheizen. Ein großes Backblech mit Reispapier auslegen. Eiweiß und Zucker vorsichtig im Wasserbad erhitzen.

◊ Mit dem Handrührgerät das Eiweiß 4–6 Minuten steif schlagen, bis es glänzt; anschließend vom Herd nehmen und weiter schlagen, bis die Mischung vollständig abgekühlt ist. Dann die gehackten Nüsse und das Zitronat unterheben.

◊ Mit einem Teelöffel etwas Teigmasse abstechen und mit einem zweiten Löffel auf das Blech geben, dazwischen 5 cm Platz lassen. Die Bissen mit einem Stückchen Zitronat verzieren und 12–15 Minuten backen, bis sie fest, aber noch hell sind. Backbleche auf einem Kuchengitter etwas abkühlen lassen, dann die Bissen mit dem Papier auf ein Kuchengitter schieben und vollständig abkühlen lassen. Die Bissen vorsichtig vom Papier lösen und in luftdicht verschlossenen Dosen aufbewahren.

> **TIP**
>
> Reispapier ist ein eßbares, in guten Haushaltswarengeschäften erhältliches Papier. Sie können statt dessen aber auch Backpapier verwenden, das dünn mit geschmacksarmem Pflanzenöl bestrichen wird.

Weisse-Schoko-lade-Erdnuss-Plätzchen

OBEN UND UNTEN

ERGIBT UNGEFÄHR 18 STÜCK

Diese Plätzchen sollten stets mit handelsüblicher Erdnußbutter zubereitet werden, da frisch gemahlene Erdnüsse oder selbstgefertigte Erdnußbutter zu anderen Ergebnissen führen können.

ZUTATEN

- ◊ 115 g Erdnüsse, frisch geschält
- ◊ 115 g Weizenmehl
- ◊ 1/2 TL Natron
- ◊ 1/4 TL Salz
- ◊ 115 g Erdnußbutter
- ◊ 115 g weiche Butter
- ◊ 90 g brauner Zucker
- ◊ 2 EL Zucker
- ◊ 1 Ei
- ◊ 1 TL Vanillearoma
- ◊ 185 g weiße Schokolade, grobgehackt
- ◊ 50 g Zartbitter-Schokolade, im Wasserbad geschmolzen

◊ Die Erdnüsse in einer Bratpfanne bei mittlerer Hitze etwa 5 Minuten unter ständigem Rühren goldbraun rösten, auf einen Teller geben und abkühlen lassen.

◊ Backofen auf 190 °C vorheizen. Mehl, Natron und Salz in eine Schüssel geben; mit dem elektrischen Handrührgerät Erdnußbutter, Butter und Zucker in einer großen Schüssel etwa 2–3 Minuten schaumig schlagen. Das Ei hinzufügen und weitere 2 Minuten verrühren, anschließend Vanillearoma dazugeben. Dann die Mehlmischung sorgfältig unterrühren und zum Schluß die weiße Schokolade und die gerösteten Erdnüsse hinzufügen.

◊ Pro Plätzchen 1 gehäuften Eßlöffel Teig auf zwei große Backbleche geben, dazwischen 5 cm Platz lassen, und die Plätzchen mit der angefeuchteten Rückseite eines Löffels etwas abflachen. Die Plätzchen 12–15 Minuten backen, bis sie goldbraun sind. Backbleche 3–5 Minuten auf einem Kuchengitter abstellen, die Plätzchen vorsichtig auf ein Kuchengitter legen und vollständig abkühlen lassen.

◊ Die geschmolzene Schokolade in eine Spritztüte aus Papier (siehe »Tip«) füllen und ein Zickzackmuster auf die Plätzchen träufeln.

TIP

Ein quadratisches Stück Butterbrotpapier diagonal zu einem Dreieck falten, dessen Spitze in Ihre Richtung weist. Die linke Hälfte zur Mitte hin umknicken und die linke Ecke auf die zu Ihnen weisende Spitze legen. Die rechte Hälfte auf die gleiche Weise falten und um die linke Hälfte wickeln, so daß eine Tüte entsteht, deren obere Enden nach innen umgeklappt werden. Die Spitze etwa 3 mm abschneiden.

Weisse-Schokolade-Macadamia-Plätzchen

L I N K S   U N D   U N T E N

ERGIBT UNGEFÄHR 48 STÜCK

Die Kombination von weißer Schokolade und Macadamianüssen schmeckt einfach köstlich. Macadamianüsse sind recht teuer, doch diese zusätzliche Ausgabe lohnt sich.

ZUTATEN

- ◊ 115 g weiche Butter
- ◊ 225 g Sahnequark, glattgerührt
- ◊ 130 g brauner Zucker
- ◊ geriebene Schale von 1 Zitrone
- ◊ 1 1/2 TL Vanillearoma
- ◊ 185 g Weizenmehl
- ◊ 2 TL Backpulver
- ◊ 115 g Macadamianüsse, grobgehackt
- ◊ 115 g weiße Schokolade, grobgehackt
- ◊ Puderzucker zum Bestäuben

◊ Mit dem Handrührgerät Butter und Sahnequark in einer großen Schüssel 1–2 Minuten schaumig schlagen. Zucker hinzufügen und weitere 1–2 Minuten schlagen, bis die Mischung locker und luftig ist. Vanillearoma und Zitronenschale vorsichtig unterrühren.

◊ Mehl und Backpulver in eine Schüssel geben, die Quarkmischung hinzufügen, dann gehackte Nüsse und Schokolade dazugeben. Den Teig etwa 1–2 Stunden in den Kühlschrank stellen, bis er fest ist.

◊ Backofen auf 200 °C vorheizen. Zwei große Backbleche leicht einfetten. Pro Plätzchen 1 gehäuften Teelöffel Teig auf die Backbleche geben, dazwischen etwa 5 cm Platz lassen, und die Plätzchen etwas abflachen. Die Plätzchen 8–10 Minuten backen, bis sie goldbraun sind; Backbleche 5–8 Minuten auf einem Kuchengitter abstellen und die Plätzchen mit Hilfe eines Metallspatels vorsichtig auf ein Kuchengitter legen und vollständig abkühlen lassen. Den restlichen Teig auf die gleiche Weise verarbeiten.

◊ Die abgekühlten Plätzchen nebeneinander auf ein Kuchengitter legen und leicht mit Puderzucker bestäuben. Plätzchen in luftdicht verschlossenen Dosen aufbewahren.

TIP

Falls die Macadamianüsse bereits gesalzen sind, sollten Sie sie kurz unter fließendem Wasser abspülen und mit Küchenpapier trockentupfen.

SCHOKOLADEN-SCHILDKRÖTEN

OBEN UND RECHTS

ERGIBT UNGEFÄHR 24 STÜCK

Bei diesen Schildkröten handelt es sich um ein traditionelles Gebäck, das mit Schokolade und Nüssen zusätzlich verfeinert wurde.

TIP
Kuvertüre ist eine Schokoladenglasur mit erhöhtem Kakaobutteranteil. Sie verleiht den Teigwaren ein intensives Schokoladenaroma.

ZUTATEN

- ◊ 375 g Zartbitter-Schokolade, gehackt
- ◊ 115 g Bitter-Kuvertüre, gehackt
- ◊ 50 g Butter, in Stücke geschnitten
- ◊ 315 g Zucker
- ◊ 4 Eier, leicht geschlagen
- ◊ 1 TL Vanillearoma
- ◊ 50 g Weizenmehl
- ◊ 1 EL Pulverkaffee (Espresso)
- ◊ 1/2 TL Backpulver
- ◊ 1/4 TL Salz
- ◊ 225 g Pekan- oder Walnüsse, grobgehackt
- ◊ 225 g Schokostreusel
- ◊ 225 g Pekannußhälften zum Dekorieren

◊ Backofen auf 180 °C vorheizen. Zwei große Backbleche mit Aluminiumfolie oder Backpapier auslegen. Schokolade und Kuvertüre zusammen mit der Butter unter ständigem Rühren im Wasserbad schmelzen, die Hälfte des Zuckers hinzufügen und die Mischung in eine große Schüssel gießen. Dann die Eier, den restlichen Zucker und das Vanillearoma sorgfältig unterrühren.

◊ Mehl, Pulverkaffee, Backpulver und Salz in eine Schüssel geben, die Schokoladenmischung sorgfältig unterrühren und Pekan- oder Walnüsse sowie Schokostreusel hinzufügen.

◊ Mit einem Eisportionierer kleine Teighäufchen auf die vorbereiteten Backbleche setzen, dazwischen 7,5 cm Platz lassen, und die Plätzchen mit der angefeuchteten Rückseite eines Löffels etwas abflachen. Mit 5 Pekannüssen pro Plätzchen den Kopf und die Beine der Schildkröten andeuten. Jeweils ein Backblech in die mittlere Schiene schieben und die Schildkröten etwa 10 Minuten backen, bis die Oberfläche des Teigs aufbricht. Backbleche auf einem Kuchengitter abkühlen lassen. Auf die gleiche Weise den restlichen Teig und die übrigen Pekannüsse verarbeiten.

Hafer-Knusperkekse

OBEN UND UNTEN

ERGIBT UNGEFÄHR 24 STÜCK

Diese knusprigen Kekse sind so dünn, daß sie fast transparent aussehen.

ZUTATEN

- ◊ 130 g Instant-Haferflocken
- ◊ 185 g brauner Zucker
- ◊ 115 g Zucker
- ◊ 2 EL Weizenmehl
- ◊ $^{1}/_{4}$ TL Salz
- ◊ 155 g Butter, zerlassen
- ◊ 1 Ei, leicht geschlagen
- ◊ 1 TL Vanillearoma
- ◊ 115 g Schokostreusel

◊ Backofen auf 180 °C vorheizen. Haferflocken, weißen und braunen Zucker, Mehl und Salz in eine große Schüssel geben, in die Mitte eine Vertiefung drücken und die zerlassene Butter, das Ei sowie das Vanillearoma hinzufügen. Die Mischung sorgfältig zu einem lockeren Teig verrühren und die Schokostreusel dazugeben.

◊ Pro Keks $^{1}/_{2}$ Teelöffel Teig auf zwei ungefettete Backbleche geben, dazwischen 6,5 cm Platz lassen. Die Kekse 3–5 Minuten backen, bis sie an den Rändern leicht gebräunt sind und in der Mitte Blasen werfen. Backbleche auf einem Kuchengitter etwas abkühlen lassen.

◊ Sobald die Ränder fest sind, die Kekse vorsichtig auf ein Kuchengitter legen und vollständig abkühlen lassen. Den restlichen Teig auf die gleiche Weise verarbeiten. Die knusprigen, leicht zerbrechlichen Kekse in luftdicht verschlossenen Dosen aufbewahren.

Schokoladen-Plätzchen

OHNE ABBILDUNG

ERGIBT UNGEFÄHR 36 STÜCK

Diese weichen, saftigen Plätzchen erinnern an amerikanische »Brownies«.

ZUTATEN

- ◊ 75 g Weizenmehl
- ◊ $^{1}/_{4}$ TL Salz
- ◊ 50 g Bitter-Kuvertüre, gehackt
- ◊ 115 g weiche Butter
- ◊ 225 g Zucker
- ◊ 2 Eier, leicht geschlagen
- ◊ 1 TL Vanillearoma
- ◊ 90 g Walnüsse, gehackt
- ◊ 185 g Schokostreusel
- ◊ Puderzucker zum Bestäuben

◊ Backofen auf 180 °C vorheizen. Zwei große Backbleche leicht einfetten. Mehl und Salz in eine kleine Schüssel geben und beiseite stellen.

◊ Kuvertüre unter Rühren im Wasserbad schmelzen, vom Herd nehmen und etwas abkühlen lassen. Mit dem Handrührgerät die Butter in einer Schüssel 30 Sekunden schaumig schlagen, Zucker hinzufügen und weitere 1–2 Minuten schlagen, bis die Mischung locker und luftig ist. Vanillearoma und Eier vorsichtig unterrühren. Dann die Walnüsse und Schokostreusel hinzugeben und die Mehlmischung und die Kuvertüre vorsichtig unterziehen.

◊ Pro Plätzchen 1 Eßlöffel Teig auf zwei eingefettete Backbleche geben, dazwischen 5 cm Platz lassen, und die Plätzchen etwa 10–12 Minuten backen, bis sie außen fest, aber innen noch saftig sind. Backbleche 5 Minuten auf einem Kuchengitter abstellen und die Plätzchen vorsichtig auf ein Kuchengitter legen und vollständig abkühlen lassen. Den restlichen Teig auf die gleiche Weise verarbeiten.

◊ Die abgekühlten Plätzchen mit etwas Puderzucker bestäuben und in luftdicht verschlossenen Dosen mit einem Stück Butterbrotpapier zwischen den einzelnen Lagen aufbewahren.

Müsliplätzchen

LINKS UND UNTEN

ERGIBT UNGEFÄHR 36 STÜCK

Diese saftigen Plätzchen lassen sich problemlos mit der Post verschicken oder zu einem Picknick mitnehmen und sind recht lange haltbar.

ZUTATEN

- ◊ 280 g Weizenmehl
- ◊ 2 1/2 TL Backpulver
- ◊ 2 TL Zimt
- ◊ 1/2 TL Muskat
- ◊ 1/2 TL Natron
- ◊ 1/2 TL Salz
- ◊ 115 g weiche Butter
- ◊ 225 g Zucker
- ◊ 50 ml Orangensaft, frischgepreßt
- ◊ 1 Ei
- ◊ 115 g Müsli ohne Zucker
- ◊ 50 g Rosinen
- ◊ 50 g Walnüsse oder Mandeln, gehackt
- ◊ 50 g Instant-Haferflocken

◊ Backofen auf 120 °C vorheizen. Zwei große Backbleche leicht einfetten. Mehl, Backpulver, Zimt, Muskat, Natron und Salz in eine Schüssel geben.

◊ Mit dem Handrührgerät Butter und Zucker in einer großen Schüssel 1–2 Minuten schaumig schlagen, bis die Mischung locker und luftig ist. Orangensaft und Ei vorsichtig dazugeben und die Mehlmischung sorgfältig unterrühren. Anschließend Müsli, Rosinen, gehackte Nüsse und Haferflocken hinzufügen.

◊ Pro Plätzchen 1 Eßlöffel Teig auf die vorbereiteten Backbleche geben, dazwischen 5 cm Platz lassen. Die Oberflächen mit dem angefeuchteten Finger glattstreichen und die Plätzchen 15–18 Minuten backen, bis sie leicht gebräunt sind. Nach der Hälfte der Backzeit die Backbleche tauschen und drehen (von oben nach unten, von vorne nach hinten). Backbleche auf einem Kuchengitter etwas abkühlen lassen und die Plätzchen vorsichtig auf ein Kuchengitter legen und vollständig abkühlen lassen. Den restlichen Teig auf die gleiche Weise verarbeiten. Plätzchen in luftdicht verschlossenen Dosen aufbewahren.

Schokoladen-Nuss-Bissen

OHNE ABBILDUNG

ERGIBT UNGEFÄHR 36 STÜCK

Diese weichen, saftigen Plätzchen bestehen fast nur aus Nüssen, Früchten und Schokolade. Sie sind nicht sehr lange haltbar.

ZUTATEN

- ◊ 115 g ganze Mandeln
- ◊ 90 g Pekan- oder Walnußhälften
- ◊ 90 g Haselnüsse, enthäutet
- ◊ 115 g Weizenmehl
- ◊ 1 TL Natron
- ◊ 1/4 TL Salz
- ◊ 115 g weiche Butter
- ◊ 115 g Zucker
- ◊ 45 g brauner Zucker
- ◊ 1 Ei
- ◊ 1 TL Vanillearoma
- ◊ 225 g Schokostreusel
- ◊ 115 g Rosinen
- ◊ 90 g Sultaninen

◊ Backofen auf 190 °C vorheizen. Die Nüsse auf einem großen Backblech 5–7 Minuten unter gelegentlichem Rühren und Schütteln goldbraun rösten, auf einen Teller geben und abkühlen lassen. Anschließend grob hacken.

◊ Mehl, Natron und Salz in eine kleine Schüssel geben. Mit dem elektrischen Handrührgerät die Butter in einer großen Schüssel 30 Sekunden schaumig schlagen, Zucker hinzufügen und weitere 1–2 Minuten schlagen, bis die Mischung locker und luftig ist. Vanillearoma und Ei vorsichtig unterrühren. Die Mehlmischung dazugeben, dann Schokostreusel, Rosinen, Sultaninen und Nüsse gleichmäßig unter den Teig ziehen.

◊ Pro Plätzchen 1 Eßlöffel Teig auf zwei große ungefettete Backbleche geben, dazwischen 5 cm Platz lassen. Die Bissen 12–15 Minuten backen, bis sie goldbraun sind. Nach der Hälfte der Backzeit die Backbleche tauschen und drehen (von oben nach unten, von vorne nach hinten). Backbleche auf einem Kuchengitter etwas abkühlen lassen und die Plätzchen mit Hilfe eines Metallspatels vorsichtig auf ein Kuchengitter legen und vollständig abkühlen lassen. Den restlichen Teig auf die gleiche Weise verarbeiten. Die Bissen in luftdicht verschlossenen Dosen aufbewahren.

Pekannusstaler

OHNE ABBILDUNG

ERGIBT UNGEFÄHR 24 STÜCK

Diese edlen, waffelartigen Taler, die durch den schmackhaften Ahornsirup ihr ganz besonderes Aroma erhalten, passen hervorragend zu Eiscreme.

ZUTATEN

- ◊ 225 g Pekannußhälften
- ◊ 50 g Butter
- ◊ 225 g brauner Zucker
- ◊ 45 g Weizenmehl
- ◊ 1 TL Ahornsirup
- ◊ 1/4 TL Salz
- ◊ 1 Ei, leicht geschlagen

◊ Backofen auf 180 °C vorheizen. Ein großes Backblech mit Aluminiumfolie auslegen. 24 schön geformte Pekannußhälften beiseite legen, die restlichen Nüsse hacken.

◊ Butter in einem Topf bei schwacher Hitze zerlassen, vom Herd nehmen und Zucker, Mehl, Ahornsirup, Salz und Ei sorgfältig unterrühren. Pro Plätzchen 1 Eßlöffel Teig auf das vorbereitete Backblech geben, dazwischen 5 cm Platz lassen, und mit einer schönen Pekannußhälfte dekorieren.

◊ Die Taler 12 Minuten backen. Backblech auf einem Kuchengitter etwas abkühlen lassen und die Plätzchen mit dem Papier auf ein Kuchengitter schieben und vollständig abkühlen lassen. Das Backblech kühlen, mit Alufolie auslegen und den restlichen Teig auf die gleiche Weise verarbeiten. (Sie können auch ein zweites Blech vorbereiten, sollten die Plätzchen aber nacheinander backen.) Die abgekühlten Taler vorsichtig von der Folie abziehen und in luftdicht verschlossenen Dosen aufbewahren.

Schwedische Mandelkekse

UNTEN UND RECHTS

ERGIBT UNGEFÄHR 24 STÜCK

Frisch gemahlene Mandeln verleihen diesen Keksen ihr wunderbares Aroma. Sie sollten beim Backen genügend Platz zwischen den Keksen lassen, da sich dieses Gebäck stark ausdehnt; am besten verwenden Sie mehrere Backbleche, um die Kekse in kleinen Portionen zu backen.

ZUTATEN

- ◊ 90 g Mandeln
- ◊ 105 g Zucker
- ◊ 115 g Butter, in Stücke geschnitten
- ◊ 2 EL Weizenmehl
- ◊ 1/4 TL Salz
- ◊ 2 EL Sahne (10 % Fett)

◊ Backofen auf 180 °C vorheizen. Zwei große Backbleche leicht einfetten. Die Mandeln in einer Küchenmaschine sehr fein, aber nicht zu lange mahlen, da sonst Mandelmus entsteht. Zucker hinzufügen und erneut kurz mahlen.

◊ Die Mandelmischung, den restlichen Zucker, Butter, Mehl, Salz und Sahne in einen Topf geben und bei mittlerer Temperatur erhitzen, bis die Butter zerlassen und der Teig schön locker ist. Anschließend vom Herd nehmen.

◊ Pro Plätzchen 1 gestrichenen Teelöffel Teig auf die vorbereiteten Backbleche geben, dazwischen 7,5–10 cm Platz lassen. (Etwa 5–6 Kekse passen auf ein Blech.) Die Kekse 3–5 Minuten backen, bis sie an den Rändern leicht gebräunt sind und in der Mitte Blasen werfen. Backbleche auf einem Kuchengitter etwas abkühlen lassen.

◊ Sobald die Ränder fest sind, die Kekse vorsichtig auf ein Kuchengitter legen und vollständig abkühlen lassen. Den restlichen Teig auf die gleiche Weise verarbeiten, dabei die Bleche immer wieder abkühlen und neu einfetten. Die leicht zerbrechlichen Kekse in luftdicht verschlossenen Dosen aufbewahren.

Mandelmakronen

OHNE ABBILDUNG

ERGIBT UNGEFÄHR 30 STÜCK

Die klassischen Makronen aus Marzipan-Rohmasse, Eiweiß und Zucker.

ZUTATEN

- ◊ 225 g Marzipan-Rohmasse, in Stücke geschnitten
- ◊ 220 g Zucker
- ◊ 3 Eiweiß (Zimmertemperatur)
- ◊ 50 g Puderzucker
- ◊ 2 EL Weizenmehl
- ◊ 1/8 TL Salz
- ◊ 2 EL Mandeln, abgezogen und gehackt

◊ Backofen auf 150 °C vorheizen. Zwei Backbleche mit Reispapier oder leicht eingeöltem Backpapier auslegen.

◊ Marzipan-Rohmasse in eine Küchenmaschine geben und verrühren. Nach und nach Zucker und Eiweiß hinzufügen, bis eine lockere Paste entsteht. Anschließend Puderzucker, Mehl und Salz sorgfältig unterrühren und den Teig in einer Schüssel 15 Minuten in den Kühlschrank stellen, damit er etwas fester wird.

◊ Pro Plätzchen 1 Teelöffel Teig auf die vorbereiteten Backbleche geben, dazwischen 5 cm Platz lassen und mit gehackten Mandeln bestreuen. Die Bleche mit einem Geschirrtuch abdecken und 30 Minuten ruhen lassen. Dann die Makronen 25 Minuten backen, bis sie goldbraun sind.

◊ Zwei Geschirrtücher anfeuchten und über zwei Kuchengitter legen. Backbleche aus dem Ofen nehmen, die Makronen mit dem Papier auf die feuchten Geschirrtücher schieben und vollständig abkühlen lassen. Die abgekühlten Makronen vorsichtig vom Papier lösen.

TIP

Marzipan-Rohmasse besteht aus einer Mischung von gemahlenen Mandeln, Zucker und Mandelöl. Sie ist in fast allen größeren Supermärkten erhältlich. Reispapier ist ein eßbares Papier, das Sie in guten Haushaltswarengeschäften erhalten.

Kokosmakronen

LINKS UND OBEN

ERGIBT UNGEFÄHR 24 STÜCK

Die zu den Kokosraspeln passenden Macadamianüsse verfeinern das traditionelle Rezept.

ZUTATEN

- ◊ 280 g Kokosraspel
- ◊ 115 g ungesalzene Macadamianüsse, gehackt
- ◊ geschmacksneutrales Pflanzenöl zum Einfetten
- ◊ 150 ml Kondensmilch
- ◊ 1 TL Vanillearoma
- ◊ 2 Eiweiß
- ◊ 1 Prise Salz
- ◊ 185 g weiße oder Zartbitter-Schokolade, im Wasserbad geschmolzen (nach Wunsch)

◊ Backofen auf 180 °C vorheizen. Nüsse und Kokosraspel auf zwei getrennten Backblechen 7–10 Minuten unter gelegentlichem Rühren und Schütteln goldbraun rösten, auf zwei Teller geben und vollständig abkühlen lassen. Zwei große Backbleche mit Backpapier auslegen und sehr dünn mit Öl einpinseln. Kondensmilch, Vanillearoma, Kokosraspel und Macadamianüsse in eine Schüssel geben und verrühren.

◊ Mit dem elektrischen Handrührgerät Eiweiß in einer großen Schüssel bei mittlerer Stufe schaumig schlagen, Salz hinzufügen und das Eiweiß bei höchster Stufe schlagen, bis der Eischnee steif ist. Den Eischnee unter die Kokosmischung heben. Pro Plätzchen 1 Eßlöffel Teig auf die vorbereiteten Backbleche geben und 12–14 Minuten backen, bis sie an den Rändern goldbraun sind. Backbleche auf einem Kuchengitter vollständig abkühlen lassen und die Makronen vorsichtig vom Papier lösen.

◊ Ein großes Backblech mit Butterbrotpapier auslegen. Die untere Hälfte der Makronen in geschmolzene weiße oder Zartbitter-Schokolade tauchen und 15–20 Minuten auf dem vorbereiteten Backblech erkalten lassen, bis die Schokolade fest ist. Die Makronen vom Papier lösen und in luftdicht verschlossenen Dosen im Kühlschrank aufbewahren.

Apfelmus-Plätzchen

OBEN UND UNTEN

ERGIBT UNGEFÄHR 36 STÜCK

Diese weichen, würzigen Plätzchen sind einfach köstlich. Sie können die Nüsse ganz nach Geschmack auch durch gehackte Datteln ersetzen.

ZUTATEN

- ◊ 115 g weiche Butter
- ◊ 90 g brauner Zucker
- ◊ 90 g Zucker
- ◊ 1 Ei
- ◊ 115 g Apfelmus
- ◊ 225 g Weizenmehl
- ◊ 1 TL Natron
- ◊ 1/2 TL Salz
- ◊ 1 TL Zimt
- ◊ 1 TL Ingwerpulver
- ◊ 1/2 TL Gewürznelken
- ◊ 185 g Sultaninen
- ◊ 90 g Pekan- oder Walnüsse
- ◊ 185 g Schokostreusel

◊ Backofen auf 180 °C vorheizen. Zwei große Backbleche leicht einfetten. Mit dem elektrischen Handrührgerät die Butter in einer großen Schüssel 30 Sekunden schaumig schlagen, Zucker hinzufügen und weitere 1–2 Minuten schlagen, bis die Mischung locker und luftig ist. Apfelmus und Ei vorsichtig unterrühren.

◊ Mehl, Natron, Salz, Zimt, Ingwer und Gewürznelken in eine Schüssel geben und die Butter-Zucker-Mischung sorgfältig unterrühren. Anschließend Sultaninen, Pekan- oder Walnüsse und Schokostreusel hinzugeben.

◊ Pro Plätzchen 1 Eßlöffel Teig auf die vorbereiteten Backbleche geben, dazwischen 4 cm Platz lassen, und 5–7 Minuten backen, bis sie goldbraun sind. Backbleche auf einem Kuchengitter abkühlen lassen. Den restlichen Teig auf die gleiche Weise verarbeiten. Plätzchen in luftdicht verschlossenen Dosen aufbewahren.

TIP

Sie können die Plätzchen vor dem Backen auch mit einer halben Walnuß verzieren.

Würzige Melassebissen

OHNE ABBILDUNG

ERGIBT UNGEFÄHR 40 STÜCK

Diese kleinen Plätzchen besitzen ein wunderbar würziges Aroma.

ZUTATEN

- ◊ 115 g Weizenmehl
- ◊ 1 TL Zimt
- ◊ 1/2 TL Ingwerpulver
- ◊ 1/2 TL Muskat
- ◊ 1/4 TL Gewürznelken
- ◊ 1/2 TL Natron
- ◊ 1/2 TL Salz
- ◊ 50 g weiche Butter oder Margarine
- ◊ 50 g weißes Pflanzenschmalz
- ◊ 90 g Melasse
- ◊ 115 g brauner Zucker
- ◊ 1 Ei

GLASUR

- ◊ 185 g Puderzucker, gesiebt
- ◊ 3 TL Wasser
- ◊ 1/2 TL Vanillearoma

◊ Backofen auf 190 °C vorheizen. Mehl, Zimt, Ingwer, Muskat, Gewürznelken, Natron und Salz in eine Schüssel geben. Mit dem elektrischen Handrührgerät Butter oder Margarine, Pflanzenschmalz, Melasse, Zucker und Ei in einer großen Schüssel 2–3 Minuten kräftig verrühren und die Mehlmischung sorgfältig unterrühren.

◊ Pro Plätzchen 1 Teelöffel Teig auf zwei ungefettete Backbleche geben, dazwischen 2,5 cm Platz lassen, und die Bissen 7–10 Minuten backen, bis sie knusprig und goldbraun sind. Backbleche auf einem Kuchengitter etwas abkühlen lassen, die Plätzchen mit Hilfe eines Metallspatels vorsichtig auf ein Kuchengitter legen und dort vollständig abkühlen lassen. Den restlichen Teig auf die gleiche Weise verarbeiten.

◊ Puderzucker, Wasser und Vanillearoma in einer kleinen Schüssel verrühren. Die Melassebissen auf ein Kuchengitter legen, das auf einem Bogen Backpapier steht (um herabtropfende Glasur aufzufangen), und mit etwas Glasur bestreichen; die Glasur vollständig trocknen lassen. Die Bissen in luftdicht verschlossenen Dosen aufbewahren.

Ahornsirup-Bissen

OHNE ABBILDUNG

ERGIBT UNGEFÄHR 48 STÜCK

ZUTATEN

- ◊ 115 g Rosinen
- ◊ 315 g Weizenmehl
- ◊ 1 TL Salz
- ◊ 3/4 TL Backpulver
- ◊ 1/4 TL Natron
- ◊ 1 TL Zimt
- ◊ 1/2 TL Muskat
- ◊ 185 g weiche Butter
- ◊ 185 g brauner Zucker
- ◊ 2 Eier
- ◊ 3/4 TL Ahornsirup
- ◊ 90 ml kalter, starker Kaffee
- ◊ 185 g Walnüsse, grob gehackt

◊ Rosinen in eine Schüssel geben, das kochende Wasser darübergießen und abgedeckt etwa 15 Minuten ruhen lassen, bis die Rosinen wieder prall sind. Abtropfen lassen, trockentupfen und beiseite stellen. Mehl, Salz, Backpulver, Natron, Zimt und Muskat in eine Schüssel geben und beiseite stellen.

◊ Mit dem elektrischen Handrührgerät die Butter in einer großen Schüssel 30 Sekunden schaumig schlagen, Zucker hinzufügen und weitere 1–2 Minuten schlagen, bis die Mischung locker und luftig ist. Die Eier einzeln sorgfältig unterrühren. Anschließend den Ahornsirup dazugeben.

◊ Die Hälfte der Mehlmischung, dann den schwarzen Kaffee und die restliche Mehlmischung hinzufügen. Falls der Teig zu fest wird, noch etwas Kaffee oder Wasser dazugeben; allerdings sollte der Teig schwer vom Löffel fallen. Anschließend Walnüsse und Rosinen unterrühren und den Teig 30 Minuten in den Kühlschrank stellen.

◊ Backofen auf 180 °C vorheizen. Zwei große Backbleche leicht einfetten. Pro Plätzchen 1 Teelöffel Teig auf die vorbereiteten Backbleche geben, dazwischen 5 cm Platz lassen (den restlichen Teig wieder in den Kühlschrank stellen). Die Plätzchen 13–15 Minuten backen, bis sie goldbraun und fest sind. Nach der Hälfte der Backzeit die Backbleche tauschen und drehen (von oben nach unten, von vorne nach hinten). Backbleche auf einem Kuchengitter abkühlen lassen. Den restlichen Teig auf die gleiche Weise verarbeiten. Bissen in luftdicht verschlossenen Dosen aufbewahren.

Sesamtaler

LINKS UND UNTEN

ERGIBT UNGEFÄHR 36 STÜCK

Diese süßen, knusprigen Taler besitzen ein unverwechselbares Sesamaroma, das durch Rösten der Sesamkörner entsteht.

ZUTATEN

- ◊ 50 g Sesamkörner
- ◊ 1 EL Butter
- ◊ 185 g brauner Zucker
- ◊ 3 EL Weizenmehl
- ◊ 1 Ei, leicht geschlagen
- ◊ 1 TL Vanillearoma
- ◊ 1 Prise Salz

◊ Backofen auf 180 °C vorheizen. Zwei große Backbleche einfetten. Sesamkörner in einer Bratpfanne bei mittlerer Hitze rösten, bis sie goldbraun sind. Pfanne vom Herd nehmen, etwas abkühlen lassen und die restlichen Zutaten sorgfältig unterrühren.

◊ Pro Plätzchen 1 Teelöffel Teig auf die vorbereiteten Backbleche geben, dazwischen 6,5 cm Platz lassen (die Taler gehen stark auseinander), und die Plätzchen 3–5 Minuten backen, bis sie leicht goldbraun sind. Backbleche auf einem Kuchengitter etwas abkühlen lassen.

◊ Sobald die Ränder fest sind, die Taler mit Hilfe eines Metallspatels vorsichtig auf ein Kuchengitter legen und vollständig abkühlen lassen. Den restlichen Teig auf die gleiche Weise verarbeiten; dabei die Bleche immer wieder abkühlen und neu einfetten. Die knusprigen, zerbrechlichen Kekse in luftdicht verschlossenen Dosen mit einem Stück Butterbrotpapier zwischen den einzelnen Lagen aufbewahren.

Schokostreusel-Plätzchen

OHNE ABBILDUNG

ERGIBT UNGEFÄHR 48 STÜCK

Hierbei handelt es sich um ein leicht abgewandeltes Rezept der klassischen Schokoladenplätzchen.

ZUTATEN

- ◊ 280 g Weizenmehl
- ◊ 1 TL Natron
- ◊ 3/4 TL Salz
- ◊ 225 g weiche Butter oder Margarine
- ◊ 185 g brauner Zucker
- ◊ 115 g Zucker
- ◊ 2 Eier
- ◊ 1 TL Vanillearoma
- ◊ 375 g Schokostreusel oder Zartbitter-Schokolade, in kleine Stückchen gehackt
- ◊ 185 g weiße Schokolade, in kleine Stückchen gehackt
- ◊ 115 g Pekan- oder Walnüsse, gehackt

◊ Backofen auf 190 °C vorheizen. Mehl, Natron und Salz in eine Schüssel geben. Mit dem Handrührgerät Butter sowie braunen und weißen Zucker in einer großen Schüssel schaumig schlagen, bis die Mischung locker und luftig ist. Die Eier einzeln bei niedrigster Stufe unterrühren. Anschließend Vanillearoma dazugeben, dann die Mehlmischung sowie Schokostreusel und Nüsse hinzufügen.

◊ Pro Plätzchen 1 Eßlöffel Teig auf zwei ungefettete Backbleche geben, dazwischen 5 cm Platz lassen, und die Plätzchen 10–13 Minuten backen, bis sie goldbraun und fest sind. Nach der Hälfte der Backzeit die Backbleche tauschen und drehen (von oben nach unten, von vorne nach hinten). Backbleche auf einem Kuchengitter etwas abkühlen lassen, die Plätzchen mit Hilfe eines Metallspatels vorsichtig auf ein Kuchengitter legen und vollständig abkühlen lassen. Den restlichen Teig auf die gleiche Weise verarbeiten. Plätzchen in luftdicht verschlossenen Dosen aufbewahren.

Schokoladen-Happen

OBEN UND RECHTS

ERGIBT UNGEFÄHR 18 STÜCK

Diese großen, flachen Plätzchen sind außen knusprig und durch die Schokoladenfüllung innen ganz weich. Allerdings dürfen sie nicht zu lange gebacken werden.

ZUTATEN

- ◊ 280 g Zartbitter-Schokolade, gehackt
- ◊ 185 g Butter, in Stücke geschnitten
- ◊ 3 Eier
- ◊ 185 g Zucker
- ◊ 50 g brauner Zucker
- ◊ 2 TL Vanillearoma
- ◊ 50 g Weizenmehl
- ◊ 6 EL Kakao, gesiebt
- ◊ 1 1/2 TL Backpulver
- ◊ 1/4 TL Salz
- ◊ 280 g Zartbitter-Schokolade, in 6 mm große Stücke geschnitten, oder 375 g Schokostreusel
- ◊ 185 g Vollmilchschokolade, in 6 mm große Stücke geschnitten
- ◊ 185 g weiße Schokolade, in 6 mm große Stücke geschnitten
- ◊ 185 g Pekan- oder Walnüsse, geröstet und gehackt

◊ Backofen auf 160 °C vorheizen. Zwei große Backbleche leicht einfetten. Zartbitter-Schokolade und Butter unter ständigem Rühren im Wasserbad schmelzen, vom Herd nehmen und etwas abkühlen lassen.

◊ Mit dem elektrischen Handrührgerät Eier und Zucker in einer großen Schüssel 2–3 Minuten schaumig schlagen, bis die Mischung locker und luftig ist. Geschmolzene Schokolade und Vanillearoma bei niedrigster Stufe sorgfältig unterrühren. Mehl, Kakao, Backpulver und Salz in eine kleine Schüssel geben. Anschließend die Schokoladenmischung unterziehen und die restlichen Schokoladenstückchen und Nüsse hinzufügen.

◊ Pro Plätzchen 1 Eßlöffel Teig auf die vorbereiteten Backbleche geben, dazwischen 10 cm Platz lassen. Den Boden eines Trinkglases anfeuchten und jedes Häufchen etwas abflachen. So entstehen 4–6 etwa 8 cm große Plätzchen pro Backblech. Die Happen 10 Minuten backen, bis ihre Oberfläche glänzt und aufbricht; nicht zu lange im Ofen lassen, da die Plätzchen sonst beim Herunternehmen zerbrechen.

◊ Die Plätzchen mit Hilfe eines Metallspatels vorsichtig auf ein Kuchengitter legen und vollständig abkühlen lassen. Den restlichen Teig auf die gleiche Weise verarbeiten. Happen in luftdicht verschlossenen Dosen aufbewahren.

Schokoladen-Erdnussbutter-Plätzchen

OHNE ABBILDUNG

ERGIBT UNGEFÄHR 18 STÜCK

Die Schokoladenstückchen und Erdnüsse werden nur von wenig Plätzchenteig zusammengehalten. Also nach dem Backen vorsichtig behandeln!

ZUTATEN

- ◊ 115 g Weizenmehl
- ◊ 3/4 TL Natron
- ◊ 115 g weiche Butter
- ◊ 115 g Erdnußbutter ohne Stückchen
- ◊ 1 TL Vanillearoma
- ◊ 90 g brauner Zucker
- ◊ 115 g Zucker
- ◊ 1 Ei, leicht geschlagen
- ◊ 115 g Zartbitter-Schokolade, in 6 mm große Stücke geschnitten
- ◊ 115 g Vollmilchschokolade, in 6 mm große Stücke geschnitten
- ◊ 115 g weiße Schokolade, in 6 mm große Stücke geschnitten
- ◊ 115 g gesalzene Erdnüsse

◊ Backofen auf 180 °C vorheizen. Zwei große Backbleche mit Aluminiumfolie auslegen (die glänzende Seite nach oben). Mehl und Natron in eine kleine Schüssel geben.

◊ Mit dem elektrischen Handrührgerät Butter, Erdnußbutter und Vanillearoma in einer großen Schüssel 1–2 Minuten schlagen, bis die Mischung weich und cremig ist. Den braunen und weißen Zucker dazugeben und 1 weitere Minute schlagen, dann das Ei sorgfältig unterrühren. Anschließend die Mehlmischung bei niedrigster Stufe hinzufügen sowie Schokoladenstückchen und Erdnüsse unterheben; der Teig wird sehr fest.

◊ Mit einem Eisportionierer kleine Teighäufchen auf die vorbereiteten Backbleche setzen, dazwischen 7,5 cm Platz lassen. Den Boden eines Trinkglases anfeuchten und jedes Häufchen etwas abflachen, so daß etwa 2 cm dicke Plätzchen entstehen.

◊ Dann die Plätzchen 17–20 Minuten backen, bis sie leicht aufgehen, aber noch hell sind. Nach der Hälfte der Backzeit die Backbleche tauschen und drehen. Die Plätzchen sind sehr weich und fallen nach dem Abkühlen etwas zusammen. Backbleche auf einem Kuchengitter 7–10 Minuten abkühlen lassen, die Plätzchen vorsichtig auf ein Kuchengitter legen und abkühlen lassen. Den restlichen Teig auf die gleiche Weise verarbeiten. Die leicht zerbrechlichen Plätzchen in luftdicht verschlossenen Dosen aufbewahren.

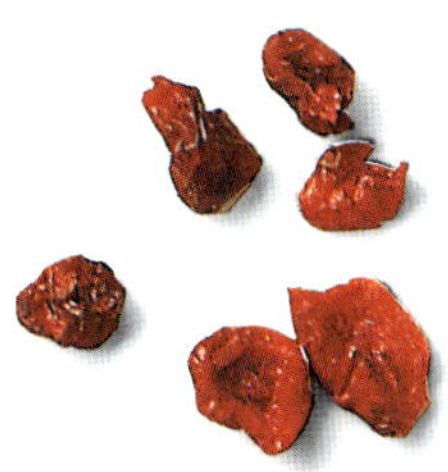

TIP

Wenn Sie nur zwei Backbleche besitzen, können Sie den Teig auf mehrere Bögen Aluminiumfolie verteilen, die Folie auf das nächste freie Backblech schieben und die nächste Lage Plätzchen backen.

Gefüllte amerikanische Plätzchen

LINKS, RECHTS UND UNTEN

ERGIBT UNGEFÄHR 36 STÜCK

Eine neue Variante der traditionellen amerikanischen »Jumbles«.

ZUTATEN

- ◊ 185 g Weizenmehl
- ◊ 3/4 TL Natron
- ◊ 1/2 TL Zimt
- ◊ 1/8 TL Salz
- ◊ 225 g Schokostreusel
- ◊ 90 g Walnüsse, grobgehackt
- ◊ 90 g Haselnüsse, grob gehackt
- ◊ 90 g Mandeln, gehackt
- ◊ 115 g Zitronat
- ◊ 50 g kandierte Kirschen
- ◊ 115 g weiche Butter
- ◊ 185 g Zucker
- ◊ 45 g brauner Zucker
- ◊ 1 Ei
- ◊ 1 TL Vanillearoma

◊ Backofen auf 190 °C vorheizen. Mehl, Natron, Zimt und Salz in eine Schüssel geben. Schokostreusel, Walnüsse, Haselnüsse, Mandeln, Zitronat und Kirschen in eine große Schüssel geben.

◊ Mit dem elektrischen Handrührgerät die Butter in einer großen Schüssel 30 Sekunden schaumig schlagen, Zucker hinzufügen und weitere 1–2 Minuten schlagen, bis die Mischung locker und luftig ist. Vanillearoma und Eier vorsichtig hinzufügen. Anschließend die Mehlmischung bei niedrigster Stufe unterrühren, das Ganze in die Schüssel mit Nüssen und Früchten geben und sorgfältig verrühren.

◊ Pro Plätzchen 1 Eßlöffel Teig auf die vorbereiteten Backbleche geben, dazwischen 5 cm Platz lassen, und die Plätzchen 12–15 Minuten backen, bis sie goldbraun sind. Nach der Hälfte der Backzeit die Backbleche tauschen und drehen (von oben nach unten, von vorne nach hinten). Backbleche auf einem Kuchengitter etwas abkühlen lassen, die Plätzchen mit Hilfe eines Metallspatels vorsichtig auf ein Kuchengitter legen und vollständig abkühlen lassen. Den restlichen Teig auf die gleiche Weise verarbeiten.

TIP

Wenn der Teig zu weich ist, sollten Sie ihn 15 Minuten in den Kühlschrank stellen, damit die Plätzchen nicht zu stark auseinandergehen.

KAPITEL

2

Plätzchen aus Formen und Modeln

Dieser Plätzchenteig läßt sich mit den Händen zu Kugeln und Strängen oder in speziellen Modeln formen.

Pinienkernmakronen
Mokkaplätzchen
Schokobrezeln
Italienische Mandelplätzchen
Kourambiedes
Mandelkipferln
Zitronenmadeleines
Schokoladenmadeleines
Ingwerhappen
Nußstangen
Schokostangen
Schokogrübchen
Erdnußbutterplätzchen
Mexikanische Hochzeitskugeln
Chinesische Mandelplätzchen
Mohn-Pistazien-Plätzchen
Ingwerplätzchen
Pfeffernüsse
Zimtkugeln
Haselnußkipferln mit Schokoladenglasur
Mandel- und Pinienkern-Biscotti
Griechische Weihnachtskringel
Schokoladen-Biscotti
Sandgebäck
Snickerdoodles
Pfefferminzstangen
Kardamomplätzchen

Pinienkern-Makronen

R E C H T S   U N D   U N T E N

ERGIBT UNGEFÄHR 24 STÜCK

ZUTATEN

- ◊ 3 EL Korinthen
- ◊ 3 EL Marsala
- ◊ 90 g Mandelblättchen, leicht geröstet
- ◊ 50 g Pinienkerne, leicht geröstet
- ◊ 105 g Zucker
- ◊ 1 EL Weizenmehl
- ◊ 1 Eiweiß
- ◊ 1/4 TL Mandelaroma
- ◊ 115 g Pinienkerne

◊ Backofen auf 180 °C vorheizen. Ein großes Backblech mit Aluminiumfolie (die glänzende Seite nach oben) oder Backpapier auslegen. Korinthen und Marsala in einer kleinen, mikrowellengeeigneten Schüssel 30–60 Sekunden bei höchster Stufe in der Mikrowelle erhitzen. Anschließend 3–5 Minuten ruhen lassen, bis die Flüssigkeit verdampft ist, und vollständig abkühlen lassen.

◊ Geröstete Mandeln, Pinienkerne, Zucker und Mehl in einer Küchenmaschine sehr fein mahlen, Eiweiß und Mandelaroma hinzufügen und zu einem Teig verarbeiten. Den Teig in eine Schüssel geben und die marsalagetränkten Korinthen unterrühren.

◊ Die ungerösteten Pinienkerne auf einen Teller geben, mit einem Teelöffel etwas Teig abstechen und mit angefeuchteten Händen zu einer 2 cm großen Kugel formen. Die Teigkugeln in den Pinienkernen wälzen, auf das vorbereitete Backblech geben, dazwischen 4 cm Platz lassen, und zu runden Scheiben abflachen.

◊ Die Makronen 12–15 Minuten backen, bis die Pinienkerne goldbraun sind. Nach der Hälfte der Backzeit das Backblech drehen. Backblech auf einem Kuchengitter 2–3 Minuten abkühlen lassen, die Makronen auf ein Kuchengitter legen und vollständig abkühlen lassen. Makronen in luftdicht verschlossenen Dosen aufbewahren.

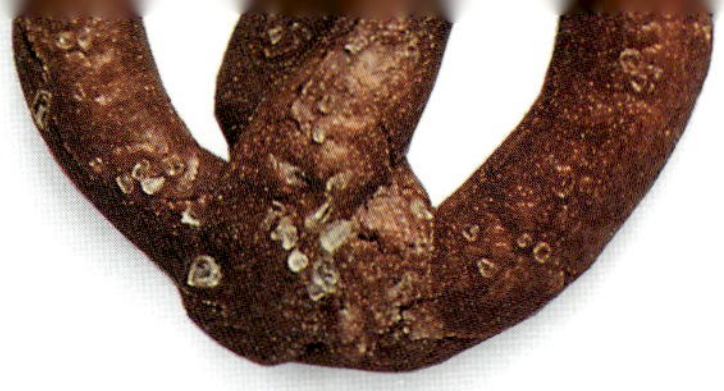

MOKKAPLÄTZCHEN

OHNE ABBILDUNG

ERGIBT UNGEFÄHR 36 STÜCK

Diese köstlichen Plätzchen aus Haselnüssen, Schokolade und Kaffee passen ganz besonders gut zu einer Tasse Kaffee.

ZUTATEN

- 115 g Weizenmehl
- 220 g Haselnüsse, geröstet, enthäutet und feingemahlen
- 30 g Zartbitter-Schokolade, gerieben
- 1/4 TL Salz
- 1/2 TL Zimt
- 115 g weiche Butter
- 50 g feiner Zucker
- 1 EL Pulverkaffee (Espresso), in 2 TL Wasser aufgelöst
- 36 ganze Haselnüsse, geröstet und enthäutet, zum Dekorieren
- 90 g Puderzucker
- 1 EL Kakao
- 1/2 TL Zimt

◊ Backofen auf 160 °C vorheizen. Mehl, Haselnüsse, Schokolade, Salz und Zimt in eine Schüssel geben und zunächst beiseite stellen.

◊ Mit dem elektrischen Handrührgerät die Butter in einer großen Schüssel 30 Sekunden schaumig schlagen, Zucker hinzufügen und weitere 1–2 Minuten schlagen, bis die Mischung locker und luftig ist. Aufgelösten Pulverkaffee hinzufügen und die Mehl-Nuß-Mischung nach und nach bei niedrigster Stufe sorgfältig unterrühren.

◊ Pro Plätzchen 2 Teelöffel Teig zu Kugeln formen und auf zwei ungefettete Backbleche geben, dazwischen 5 cm Platz lassen. Die Teigkugeln mit je einer Haselnuß verzieren und 12–15 Minuten backen, bis sie goldbraun sind. Plätzchen vollständig abkühlen lassen.

◊ Das Kuchengitter mit den Plätzchen auf einen Bogen Butterbrotpapier stellen. Puderzucker, Kakao und Zimt in eine kleine Schüssel geben und die Plätzchen mit der Zukkermischung bestäuben.

SCHOKOBREZELN

OBEN UND UNTEN

ERGIBT UNGEFÄHR 30 STÜCK

Diese Schokobrezeln sind erstaunlich leicht herzustellen; achten Sie jedoch darauf, daß der Teig ausreichend lange gekühlt wird.

ZUTATEN

- 185 g Weizenmehl
- 1/4 TL Salz
- 3 EL Kakao
- 115 g weiche Butter, ungesalzen
- 155 g Zucker
- 1 Ei, leicht geschlagen
- 1 TL Vanillearoma

GLASUR

- 1 Eiweiß, leicht geschlagen
- Hagelzucker zum Dekorieren

◊ Zwei große Backbleche leicht einfetten. Mehl, Salz und Kakao in eine Schüssel geben. Mit dem elektrischen Handrührgerät die Butter in einer großen Schüssel 30 Sekunden schaumig schlagen, Zucker hinzufügen und weitere 1–2 Minuten schlagen, bis die Mischung locker und luftig ist. Vanillearoma und Eier hinzufügen und das Mehl nach und nach bei niedrigster Stufe sorgfältig unterrühren. Den Teig in Klarsichtfolie wickeln, zu einer Kugel formen und diese zu einer runden Scheibe abflachen und in der Klarsichtfolie 1 Stunde in den Kühlschrank stellen.

◊ Backofen auf 190 °C vorheizen. Den Teig mit leicht bemehlten Händen zu 30 je 4 cm großen Kugeln formen und auf einer leicht bemehlten Arbeitsfläche zu 23 cm langen Strängen rollen. Die Strangenden jeweils in der Mitte zusammenführen, umeinander drehen und in der Strangmitte fest andrücken, so daß eine Brezelform entsteht. Brezeln auf die vorbereiteten Backbleche legen.

◊ Brezeln mit Eiweiß bestreichen, mit Hagelzucker bestreuen und 10–12 Minuten backen, bis sie fest sind. Backbleche auf einem Kuchengitter etwas abkühlen lassen, die Brezeln mit Hilfe eines Metallspatels vorsichtig auf ein Kuchengitter legen und vollständig abkühlen lassen. Brezeln in luftdicht verschlossenen Dosen aufbewahren.

TIP

Falls der Teig zu weich wird, sollten Sie ihn in den Kühlschrank stellen und erst dann weiterverarbeiten, wenn er wieder fest ist.

Italienische Mandelplätzchen

OHNE ABBILDUNG

ERGIBT UNGEFÄHR 42 STÜCK

Bei diesen Plätzchen handelt es sich um eine Abwandlung der *ricciarelli di Siena* – weiche, saftige Makronen aus Mandelmehl.

ZUTATEN

- ◊ 2 Eiweiß
- ◊ 1/8 TL Weinstein
- ◊ 240 g Zucker
- ◊ geriebene Schale von 1 Zitrone oder Orange
- ◊ 1 TL Vanillearoma
- ◊ 1/2 TL Mandelaroma
- ◊ 375 g Mandelmehl
- ◊ 30 g Weizenmehl
- ◊ abgezogene Mandeln zum Dekorieren
- ◊ Puderzucker

◊ Backofen auf 120 °C vorheizen. Zwei große beschichtete Backbleche leicht einfetten. Mit dem elektrischen Handrührgerät Eiweiß in einer großen Schüssel schaumig schlagen. Weinstein hinzufügen und bei mittlerer Stufe das Eiweiß steif schlagen. 220 g Zucker löffelweise nach und nach mindestens 10 Minuten unter das Eiweiß schlagen, bis der Zucker vollständig aufgelöst ist und der Eischnee steif ist und glänzt. Dann nacheinander Zitronen- oder Orangenschale, Vanillearoma und Mandelaroma sowie Mandelmehl unterheben, bis ein fester Teig entsteht.

◊ Restlichen Zucker und Weizenmehl in eine Schüssel geben und die gefetteten Backbleche sowie die Arbeitsfläche mit dieser Mischung bestäuben. Den Teig mit leicht eingeölten Händen vierteln; jedes Teigviertel zu einem langen, 2,5 cm dicken Strang rollen und mit den Fingerspitzen leicht abflachen. Die Stränge mit einem eingeölten Messer in 2,5 cm große Stücke schneiden und auf die vorbereiteten Backbleche geben, dazwischen 2,5 cm Platz lassen. Die Plätzchen mit einer Mandel verzieren.

◊ Die Plätzchen 15–17 Minuten backen, bis sie leicht aufgegangen, aber noch sehr hell sind. Nach der Hälfte der Backzeit die Backbleche tauschen und drehen (von oben nach unten, von vorne nach hinten). Backbleche auf einem Kuchengitter abstellen, die Plätzchen mit Puderzukker bestäuben und vollständig abkühlen lassen. Mandelplätzchen in luftdicht verschlossenen Dosen aufbewahren.

Kourambiedes

OHNE ABBILDUNG

ERGIBT UNGEFÄHR 36 STÜCK

Diese saftigen, zarten Mandelplätzchen werden in Griechenland zu besonderen Anlässen und Feierlichkeiten gereicht. Zu Weihnachten enthalten sie häufig eine ganze Gewürznelke als Symbol der Gaben, die die drei Weisen aus dem Morgenland dem Christuskind darbrachten.

ZUTATEN

- ◊ 50 g Mandeln, abgezogen, leicht geröstet und abgekühlt
- ◊ 225 g weiche Butter
- ◊ 2 EL Puderzucker
- ◊ 1/4 TL Salz
- ◊ 1 kleines Eigelb
- ◊ 1 EL Weinbrand oder Orangenlikör
- ◊ 225 g Weizenmehl, gesiebt
- ◊ Puderzucker zum Bestäuben

◊ Backofen auf 230 °C vorheizen. Geröstete Mandeln in einer Küchenmaschine sehr fein mahlen.

◊ Mit dem elektrischen Handrührgerät die Butter in einer großen Schüssel 30 Sekunden schaumig schlagen, Zucker hinzufügen und weitere 1–2 Minuten schlagen, bis die Mischung locker und luftig ist. Salz, Eigelb und Weinbrand hinzufügen. Anschließend Mehl und gemahlene Mandeln bei niedrigster Stufe nach und nach unterrühren, bis ein weicher Teig entsteht. Den Teig 1 Stunde in den Kühlschrank stellen.

◊ Mit einem Eßlöffel etwas Teig abstechen und zu einer 2,5 cm großen Kugel formen. Die Teigkugeln auf zwei ungefettete Backbleche geben und 15–20 Minuten backen, bis sie goldbraun und fest sind. Backbleche auf einem Kuchengitter etwas abkühlen lassen, die Plätzchen mit Hilfe eines Metallspatels vorsichtig auf ein Kuchengitter legen und vollständig abkühlen lassen. Kourambiedes mit Puderzucker bestäuben und in luftdicht verschlossenen Dosen aufbewahren.

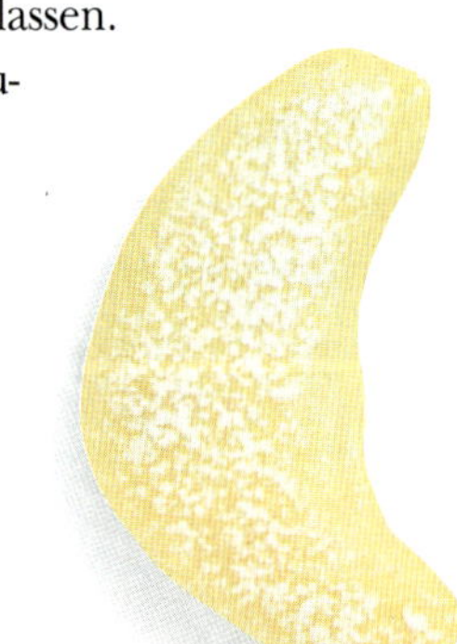

MANDELKIPFERLN

OBEN UND UNTEN

ERGIBT UNGEFÄHR 36 STÜCK

Dieses typisch wienerische Gebäck wird durch die zusätzlichen geriebenen Mandeln besonders mürbe und zergeht auf der Zunge.

ZUTATEN

- ◊ 115 g weiche Butter
- ◊ 115 g Weizenmehl
- ◊ 50 g Mandelblättchen, feingemahlen
- ◊ 1/4 TL Salz
- ◊ 3/4 TL Mandelaroma
- ◊ Puderzucker zum Bestäuben

◊ Backofen auf 160 °C vorheizen. Zwei große Backbleche einfetten. Mit dem elektrischen Handrührgerät die Butter in einer großen Schüssel 30 Sekunden schaumig schlagen; Mehl, gemahlene Mandeln, Salz und Mandelaroma bei niedrigster Stufe nach und nach unterrühren, bis ein lockerer Teig entsteht.

◊ Mit einem Teelöffel etwas Teig abstechen und mit leicht bemehlten Händen zu einem 4 cm großen Halbmond formen. Die Halbmonde auf die vorbereiteten Backbleche geben, dazwischen 2,5 cm Platz lassen, und 18–20 Minuten backen, bis sie fest, aber noch hell sind. Nach der Hälfte der Backzeit die Backbleche tauschen und drehen (von oben nach unten, von vorne nach hinten).

◊ Backbleche auf einem Kuchengitter etwas abkühlen lassen, die Kipferln mit Hilfe eines Metallspatels vorsichtig auf ein Kuchengitter legen und vollständig abkühlen lassen. Kipferln leicht mit Puderzucker bestäuben und in luftdicht verschlossenen Dosen aufbewahren. Nach Wunsch vor dem Servieren noch einmal mit Puderzucker bestäuben.

ZITRONEN-MADELEINES

OBEN UND UNTEN

ERGIBT UNGEFÄHR 12 STÜCK

Madeleines sind französische Biskuitküchlein, die in hübschen, muschelähnlichen Formen gebacken werden. Sie passen gut zum Nachmittagstee.

ZUTATEN

- ◊ 2 Eier
- ◊ 130 g Puderzucker
- ◊ geriebene Schale von 1 großen Zitrone
- ◊ 1 EL Zitronensaft
- ◊ 115 g Weizenmehl, gesiebt
- ◊ 1 TL Backpulver
- ◊ 90 g Butter, zerlassen und abgekühlt
- ◊ Puderzucker zum Bestäuben

◊ Backofen auf 190 °C vorheizen. Eine Madeleineform (mit 12 Vertiefungen) einfetten. Mit dem elektrischen Handrührgerät Eier und Zucker in einer großen Schüssel 5–7 Minuten schaumig schlagen, bis die Mischung locker und hell ist und schwer vom Löffel fällt. Zitronenschale und Saft vorsichtig unterrühren.

◊ Das Backpulver mit dem Mehl vermischen und abwechselnd Mehl und Butter in kleinen Mengen unter die Eiermischung rühren. Den Teig 10 Minuten ruhen lassen und in die vorbereitete Backform geben.

◊ Die Madeleines 12–15 Minuten backen, bis an einem in die Mitte des Gebäcks gesteckten Holzstäbchen beim Herausziehen kein Teig mehr haftet. Nach drei Viertel der Backzeit die Backform drehen (von vorne nach hinten). Backform aus dem Ofen nehmen, die Madeleines sofort auf ein Kuchengitter stürzen und vollständig abkühlen lassen. Anschließend mit Puderzucker bestäuben und in luftdicht verschlossenen Dosen aufbewahren.

SCHOKOLADEN-MADELEINES

OHNE ABBILDUNG

ERGIBT UNGEFÄHR 36 STÜCK

Diese Variante der klassischen Madeleines erhält durch Kakaopulver ein Schokoladenaroma.

ZUTATEN

- ◊ 4 EL Kakao
- ◊ 3 EL heißes Wasser
- ◊ 3 Eier
- ◊ 220 g Zucker
- ◊ 2 TL Vanillearoma
- ◊ 185 g Weizenmehl
- ◊ 3/4 TL Backpulver
- ◊ 1/4 TL Salz
- ◊ 185 g weiche Butter
- ◊ Puderzucker zum Bestäuben

◊ Backofen auf 180 °C vorheizen. Eine Madeleineform (mit 12 Vertiefungen) einfetten. Den Kakao in einer Schüssel mit heißem Wasser vollständig auflösen, abkühlen lassen und anschließend Eier, Zucker und Vanillearoma unterrühren. Die Mischung weitere 2–3 Minuten schlagen, bis sie leicht und cremig ist.

◊ Mehl, Backpulver und Salz in eine Schüssel geben, Butter sowie die Hälfte der Schokoladen-Eier-Mischung bei niedrigster Stufe sorgfältig unterrühren und bei mittlerer Stufe 1 weitere Minute schlagen. Dann die restliche Schokoladenmischung in zwei Portionen dazugeben.

◊ Die Madeleineformen mit einem großen Löffel fast vollständig füllen und 12–15 Minuten backen, bis an einem in die Mitte des Gebäcks gesteckten Holzstäbchen beim Herausziehen kein Teig mehr haftet. Nach der Hälfte der Backzeit die Backform drehen (von vorne nach hinten).

◊ Backform aus dem Ofen nehmen, die Madeleines sofort auf ein Kuchengitter stürzen und vollständig abkühlen lassen. Die Form abkühlen und den restlichen Teig auf die gleiche Weise verarbeiten. Die Madeleines schmecken 1–2 Tage nach dem Backen am besten, da sie bei längerer Lagerung stark austrocknen. Plätzchen in luftdicht verschlossenen Dosen aufbewahren und vor dem Servieren mit Puderzucker bestäuben.

TIP

Zum schnellen Abkühlen der Madeleineform lassen Sie einfach kaltes Wasser über die Blechrückseite laufen, trocknen die Form ab und fetten sie gegebenenfalls erneut ein.

Ingwerhappen

LINKS UND RECHTS

ERGIBT UNGEFÄHR 48 STÜCK

Diese intensiv nach Ingwer schmeckenden Happen zählten schon in meiner Kindheit zu meinen Lieblingsplätzchen. Meine Mutter lagerte sie in den Keksdosen mit Weihnachtsgebäck.

ZUTATEN

- ◊ 225 g Weizenmehl
- ◊ 1 EL Ingwerpulver
- ◊ 2 TL Natron
- ◊ 1 1/2 TL Zimt
- ◊ 1/2 TL Gewürznelken
- ◊ 1/2 TL Salz
- ◊ 185 g Pflanzenschmalz
- ◊ 225 g Zucker
- ◊ 1 Ei
- ◊ 90 g Melasse
- ◊ Zucker zum Wälzen

◊ Backofen auf 180 °C vorheizen. Mehl, Ingwer, Natron, Zimt, Gewürznelken und Salz in eine Schüssel geben.

◊ Mit dem Handrührgerät Pflanzenschmalz in einer großen Schüssel 1 Minute schaumig schlagen, nach und nach Zucker hinzufügen und weitere 1–2 Minuten schlagen, bis die Mischung locker und luftig ist. Melasse und Eier sorgfältig unterrühren und die Mehlmischung hinzufügen.

◊ Etwas Zucker in eine Schüssel geben, mit einem Teelöffel ein bißchen Teig abstechen und mit angefeuchteten Händen zu einer 2 cm großen Kugel formen. Die Teigkugeln im Zucker wälzen und auf zwei ungefettete Backbleche geben, dazwischen 5 cm Platz lassen.

◊ Die Happen solange backen, bis sie in der Mitte leicht aufgehen und ihre Oberfläche etwas gebräunt ist. Backbleche auf einem Kuchengitter abkühlen lassen, die Plätzchen mit Hilfe eines Metallspatels vorsichtig auf ein Kuchengitter legen und vollständig abkühlen lassen. Den restlichen Teig auf die gleiche Weise verarbeiten. Die Happen in luftdicht verschlossenen Dosen aufbewahren.

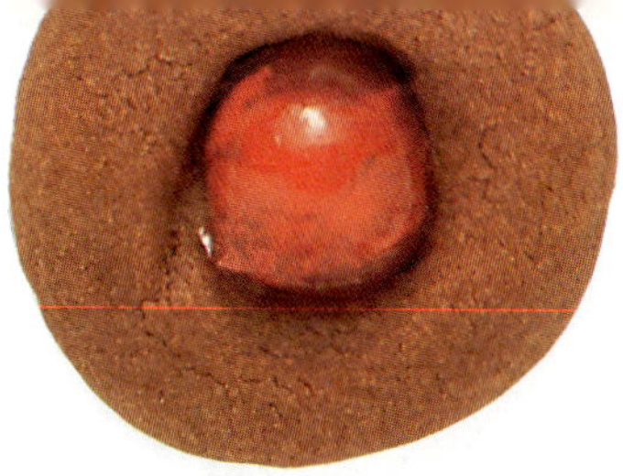

Nuss-Stangen

OHNE ABBILDUNG

ERGIBT UNGEFÄHR 48 STÜCK

Diese zarten, süßen Plätzchen enthalten drei verschiedene Nußsorten.

ZUTATEN

- ◊ 30 g Mandeln, abgezogen
- ◊ 30 g Pekannußhälften
- ◊ 30 g Haselnüsse, geröstet und enthäutet
- ◊ 225 g Weizenmehl
- ◊ 1/2 TL Salz
- ◊ 225 g weiche Butter
- ◊ 185 g Puderzucker
- ◊ 2 TL Vanillearoma
- ◊ 1 TL Mandelaroma
- ◊ Puderzucker zum Bestäuben
- ◊ 115 g Zartbitter-Schokolade, im Wasserbad geschmolzen

◊ Mandeln, Nüsse, Mehl und Salz in einer Küchenmaschine sehr fein mahlen und beiseite stellen.

◊ Mit dem elektrischen Handrührgerät Butter und Puderzucker in einer großen Schüssel schaumig schlagen, bis die Mischung weich und cremig ist. Vanille- und Mandelaroma vorsichtig unterrühren und bei niedrigster Stufe die Mehl-Nuß-Mischung sorgfältig verrühren, bis ein weicher Teig entsteht. Den Teig in Klarsichtfolie wickeln, zu einer Kugel formen und diese zu einer runden Scheibe abflachen und in der Klarsichtfolie 1 Stunde in den Kühlschrank stellen.

◊ Backofen auf 180 °C vorheizen. Zwei große Backbleche mit Backpapier auslegen. Den Teig in 2,5 cm große Stücke unterteilen, diese zu 2,5 cm langen Strängen rollen und auf die vorbereiteten Backbleche geben, dazwischen 2,5 cm Platz lassen. Die Stangen 15 Minuten backen, bis sie goldbraun sind. Backbleche auf einem Kuchengitter 1–2 Minuten abkühlen lassen, die Stangen vorsichtig auf ein Kuchengitter legen und vollständig abkühlen lassen.

◊ Die noch warmen Plätzchen in einer Schüssel mit Puderzucker wälzen; überschüssigen Zucker abschütteln. Anschließend die Plätzchen auf ein Kuchengitter legen und mit einem dekorativen Muster aus geschmolzener Schokolade verzieren; dazu Schokolade mit einem Löffel oder einer Spritztüte (S. 14) aufträufeln und etwa 20 Minuten abkühlen lassen. Plätzchen in luftdicht verschlossenen Dosen aufbewahren.

Schokostangen

OBEN UND UNTEN

ERGIBT UNGEFÄHR 36 STÜCK

Der Teig dieser köstlichen Schokobutterplätzchen kann für besondere Anlässe auch mit einer Gebäckpresse geformt werden.

ZUTATEN

- ◊ 185 g Weizenmehl
- ◊ 30 g Kakao
- ◊ 45 g Salz
- ◊ 185 g weiche Butter
- ◊ 105 g Puderzucker
- ◊ 1 Eigelb
- ◊ 1 TL Mandel- oder Vanillearoma
- ◊ 50 g Zartbitter-Schokolade
- ◊ 30 g ganze Mandeln, gehackt und geröstet

◊ Backofen auf 190 °C vorheizen. Mehl, Kakao und Salz in eine Schüssel geben. Mit dem Handrührgerät die Butter in einer großen Schüssel 30 Sekunden schaumig schlagen, nach und nach Zucker hinzufügen und weitere 1–2 Minuten schlagen, bis die Mischung locker und luftig ist. Vanillearoma und Eier vorsichtig dazugeben und 1 weitere Minute schlagen. Anschließend die Mehlmischung in mehreren Portionen sorgfältig unterrühren.

◊ Mit einem Teelöffel etwas Teig abstechen und mit angefeuchteten Händen zu einem 5 cm langen Strang formen. Die Teigstränge auf zwei gefettete Backbleche geben, dazwischen 2,5 cm Platz lassen. Stangen 7–9 Minuten backen, bis sie gerade fest sind. Plätzchen vollständig abkühlen lassen.

◊ Die Schokostangen auf ein Kuchengitter legen, das auf einem Bogen Backpapier steht, und mit einem Muster aus geschmolzener Schokolade verzieren; dazu Schokolade mit einem Löffel oder einer Spritztüte (S. 14) aufträufeln. Dann die Plätzchen mit gehackten Mandeln bestreuen, die Schokolade abkühlen lassen und die Schokostangen in luftdicht verschlossenen Dosen aufbewahren.

TIP

Der Teig kann auch zu 4 cm großen Kugeln geformt, mit halben kandierten Kirschen verziert oder mit Puderzucker bestäubt werden.

Schokogrübchen

LINKS UND UNTEN

ERGIBT UNGEFÄHR 36 STÜCK

Eine klassische Kombination aus Schokolade und Erdnußbutter.

ZUTATEN

- ◊ 115 g Weizenmehl
- ◊ 1 TL Backpulver
- ◊ 1/4 TL Salz
- ◊ 115 g weiche Butter
- ◊ 90 g brauner Zucker
- ◊ 50 g Zucker
- ◊ 225 g Erdnußbutter ohne Stückchen
- ◊ 1 Ei
- ◊ 1 TL Vanillearoma

SCHOKOLADENFÜLLUNG

- ◊ 375 g Zartbitter-Schokolade, gehackt
- ◊ 90 g weiche Butter

◊ Mehl, Backpulver und Salz in eine Schüssel geben. Mit dem elektrischen Handrührgerät die Butter in einer großen Schüssel 30 Sekunden schaumig schlagen, weißen und braunen Zucker hinzufügen und weitere 1–2 Minuten schlagen, bis die Mischung locker und luftig ist. Erdnußbutter in drei Arbeitsgängen sorgfältig unterrühren, Vanillearoma und Eier dazugeben und die Mehlmischung vorsichtig unterheben. Den Teig dann 1 Stunde in den Kühlschrank stellen.

◊ Backofen auf 190 °C vorheizen. Mit einem Eßlöffel etwas Teig abstechen und mit angefeuchteten Händen zu einer 2,5 cm großen Kugel formen. Die Teigkugeln auf zwei ungefettete Backbleche geben, dazwischen 4 cm Platz lassen. In die Mitte der Plätzchen mit dem Daumen eine Vertiefung drücken und die Schokogrübchen 10–12 Minuten backen, bis sie goldbraun und gerade fest sind. Nach der Hälfte der Backzeit die Backbleche tauschen und drehen (von oben nach unten, von vorne nach hinten). Backbleche auf einem Kuchengitter 2–3 Minuten abkühlen lassen, die Plätzchen mit Hilfe eines Metallspatels vorsichtig auf ein Kuchengitter legen und vollständig abkühlen lassen.

◊ Schokolade unter ständigem Rühren im Wasserbad schmelzen, vom Herd nehmen und abkühlen lassen. Die Butter vorsichtig unterrühren, bis die Mischung andickt. Glasur in einen Spritzbeutel mit sternförmiger Garniertülle füllen, in die Mitte der abgekühlten Plätzchen etwas Schokoladenglasur spritzen und abkühlen lassen.

Erdnussbutter-Plätzchen

OHNE ABBILDUNG

ERGIBT UNGEFÄHR 12 STÜCK

Dieser köstliche Klassiker wird durch einige gehackte Erdnüsse noch knackiger.

ZUTATEN

- ◊ 115 g Weizenmehl
- ◊ 1/2 TL Natron
- ◊ 1/2 TL Salz
- ◊ 115 g weiche Butter
- ◊ 130 g brauner Zucker
- ◊ 1 Ei, leicht geschlagen
- ◊ 1 TL Vanillearoma
- ◊ 225 g Erdnußbutter mit Stückchen
- ◊ 50 g Erdnüsse, grobgehackt

◊ Mehl, Natron und Salz in eine Schüssel geben. Mit dem elektrischen Handrührgerät die Butter in einer großen Schüssel 30 Sekunden schaumig schlagen, Zucker hinzufügen und weitere 1–2 Minuten schlagen, bis die Mischung locker und luftig ist. Vanillearoma und Ei vorsichtig unterrühren. Dann die Erdnußbutter und anschließend Mehlmischung und Erdnüsse bei niedrigster Stufe dazugeben. Den Teig 30 Minuten in den Kühlschrank stellen.

◊ Backofen auf 180 °C vorheizen. Zwei große Backbleche leicht einfetten. Mit einem Teelöffel etwas Teig abstechen und mit angefeuchteten Händen zu einer 2,5 cm großen Kugel formen. Die Teigkugeln auf die vorbereiteten Backbleche geben, dazwischen 5 cm Platz lassen, und mit einer Gabel mehrmals flachdrücken, so daß 6,5 cm große Plätzchen mit einem Gittermuster entstehen.

◊ Die Plätzchen 12–15 Minuten backen, bis sie goldbraun sind. Backbleche auf einem Kuchengitter etwas abkühlen lassen, die Plätzchen vorsichtig auf ein Kuchengitter legen und vollständig abkühlen lassen.

TIP

Sie können auch herkömmliche Erdnußbutter ohne Stückchen verwenden, sollten aber darauf verzichten, sie selbst herzustellen.

Mexikanische Hochzeitskugeln

LINKS UND RECHTS

ERGIBT UNGEFÄHR 48 STÜCK

Diese auf der Zunge zergehenden und mit Puderzucker bestäubten Kugeln erinnern an Hochzeitsglocken. Ursprünglich wurden sie wahrscheinlich mit Walnüssen gebacken, aber ich bevorzuge das zartere Aroma der Pekannüsse.

ZUTATEN

- ◊ 90 g Pekan- oder Walnüsse
- ◊ 130 g Puderzucker
- ◊ $^{1}/_{2}$ TL Zimt
- ◊ 225 g weiche Butter, in Stücke geschnitten
- ◊ 1 TL Vanillearoma
- ◊ $^{1}/_{4}$ TL Salz
- ◊ 225 g Weizenmehl
- ◊ Puderzucker zum Wälzen

◊ Backofen auf 190 °C vorheizen. Pekan- oder Walnüsse auf einem großen Backblech 7–10 Minuten unter gelegentlichem Rühren und Schütteln goldbraun rösten, auf einen Teller geben und vollständig abkühlen lassen. Den Backofen abstellen.

◊ Geröstete Nüsse, Puderzucker und Zimt in einer Küchenmaschine sehr fein mahlen, die Butter dazugeben und zu einer glatten, cremigen Masse verarbeiten. Vanillearoma kurz unterrühren, dann Salz und Mehl hinzufügen und solange verarbeiten, bis die Mischung andickt und ein lockerer Teig entsteht. Den Teig in eine Schüssel füllen, mit Folie abdecken und 1–2 Stunden in den Kühlschrank stellen.

◊ Backofen auf 190 °C vorheizen. Mit einem Eßlöffel etwas Teig abstechen und mit leicht bemehlten Händen zu einer 2,5 cm großen Kugel formen. Die Teigkugeln auf zwei ungefettete Backbleche geben, dazwischen 4 cm Platz lassen. Die Kugeln 12–15 Minuten backen, bis sie leicht gebräunt sind. Nach der Hälfte der Backzeit die Backbleche tauschen und drehen (von oben nach unten, von vorne nach hinten). Backbleche auf einem Kuchengitter 2 Minuten abkühlen lassen, die Plätzchen mit Hilfe eines Metallspatels vorsichtig auf ein Kuchengitter legen und etwas abkühlen lassen. Den restlichen Teig auf die gleiche Weise verarbeiten.

◊ Die noch warmen Plätzchen in einer Schüssel mit Puderzucker wälzen; auf einem Kuchengitter vollständig abkühlen lassen, erneut in Puderzucker wälzen und in luftdicht verschlossenen Dosen aufbewahren.

TIP

In Dosen aufbewahrte Plätzchen ein paar Stunden vor dem Servieren erneut in Puderzucker wälzen, damit sie vollständig bedeckt sind.

Chinesische Mandelplätzchen

OBEN UND RECHTS

ERGIBT UNGEFÄHR 24 STÜCK

Diese Plätzchen erfreuen sich in chinesischen Restaurants und Bäckereien großer Beliebtheit. In ihrem Ursprungsland werden sie mit Bittermandeln und Schmalz zubereitet.

◊ Mehl, Natron und Salz in eine Schüssel geben. Mit dem Handrührgerät Butter bzw. Butter und Schmalz in einer Schüssel 30 Sekunden schaumig schlagen, Zucker hinzufügen und weitere 1–2 Minuten schlagen, bis die Mischung locker und luftig ist. Vanillearoma und Eier dazugeben und bei niedrigster Stufe Mehlmischung sorgfältig unterrühren, bis ein weicher Teig entsteht. Den Teig in 4–5 Portionen teilen.

◊ Backofen auf 190 °C vorheizen. Zwei große Backbleche etwas einfetten. Auf einer leicht bemehlten Arbeitsfläche die Teigportionen zu 2,5 cm dicken Strängen rollen, 2,5 cm dicke Scheiben abschneiden und zu kleinen Kugeln formen. Teigkugeln auf die vorbereiteten Backbleche geben, mit der Rückseite eines eingefetteten Löffels etwas abflachen und jeweils mit einer Mandel verzieren.

◊ Die Plätzchen 8–10 Minuten backen, bis sie leicht gebräunt sind. Die Plätzchen vollständig abkühlen lassen.

ZUTATEN

- ◊ 375 g Weizenmehl
- ◊ 3/4 TL Natron
- ◊ 1/2 TL Salz
- ◊ 155 g weiche Butter oder
- ◊ 125 g Butter und 2 EL (30 g) Pflanzenschmalz
- ◊ 115 g Zucker
- ◊ 2 Eier
- ◊ 1 TL Mandelaroma
- ◊ 1 Eigelb, mit 1 EL Wasser verrührt
- ◊ abgezogene Mandeln zum Dekorieren

Mohn-Pistazien-Plätzchen

OHNE ABBILDUNG

ERGIBT UNGEFÄHR 36 STÜCK

Das Mohn- und Pistazienaroma dieser lockeren und luftigen Plätzchen ergibt eine wunderbare Geschmackskombination.

ZUTATEN

- 185 g Weizenmehl
- 6 EL Mohn
- 1/4 TL Salz
- 225 g weiche Butter
- 155 g Zucker
- 2 Eigelb
- geriebene Schale von 2 Orangen
- 1 1/2 TL Vanillearoma
- 115 g frische Pistazien (oder Mandeln)

◊ Mehl, Mohn und Salz in eine Schüssel geben. Mit dem elektrischen Handrührgerät die Butter in einer großen Schüssel 30–60 Sekunden schaumig schlagen, Zucker hinzufügen und weitere 1–2 Minuten schlagen, bis die Mischung locker und luftig ist. Vanillearoma, Eigelb und Orangenschale hinzufügen und die Mehlmischung bei niedrigster Stufe sorgfältig unterrühren, bis ein lockerer Teig entsteht. Den Teig in eine Schüssel füllen, mit Folie abdecken und 1 Stunde in den Kühlschrank stellen.

◊ Backofen auf 180 °C vorheizen. Pistazien (oder Mandeln) in einer Küchenmaschine sehr fein mahlen. Mit einem Eßlöffel etwas Teig abstechen und mit angefeuchteten Händen zu einer 4 cm großen Kugel formen. Die Teigkugeln in einer Schüssel mit den gemahlenen Pistazien wälzen; auf zwei ungefettete Backbleche geben, dazwischen 5 cm Platz lassen.

◊ Die Plätzchen 18–20 Minuten backen, bis sie an den Rändern leicht gebräunt sind. Nach der Hälfte der Backzeit die Backbleche tauschen und drehen (von oben nach unten, von vorne nach hinten). Die Plätzchen vollständig abkühlen lassen.

Ingwerplätzchen

OHNE ABBILDUNG

ERGIBT UNGEFÄHR 36 STÜCK

Diese Plätzchen enthalten frischen Ingwer, Ingwerpulver und in Sirup eingelegten Ingwer – und sind daher nichts für schwache Gemüter!

ZUTATEN

- 280 g Weizenmehl
- 1 EL Ingwerpulver
- 2 EL Natron
- 1/2 TL Salz
- 185 g weiche Butter
- 185 g brauner Zucker
- 90 g Melasse
- 1 Ei
- 2 EL frischer Ingwer, feingehackt
- 120 ml in Sirup eingelegter Ingwer, abgetropft und feingehackt
- zusätzlich Ingwer zum Dekorieren

◊ Mehl, Ingwer, Natron und Salz in eine Schüssel geben. Mit dem elektrischen Handrührgerät die Butter in einer großen Schüssel 30 Sekunden schaumig schlagen, Zucker hinzufügen und weitere 1–2 Minuten schlagen, bis die Mischung locker und luftig ist. Melasse und Ei dazugeben, die Mehlmischung sorgfältig unterrühren und anschließend frischen und eingelegten Ingwer hinzufügen.

◊ Den Teig zu einer Kugel formen und diese zu einer runden Scheibe abflachen, fest in Klarsichtfolie hüllen und 2–3 Stunden oder über Nacht in den Kühlschrank stellen.

◊ Backofen auf 180 °C vorheizen. Zwei große Backbleche leicht einfetten. Mit einem Eßlöffel etwas Teig abstechen und mit angefeuchteten Händen zu einer 4 cm großen Kugel formen. Die Teigkugeln auf die vorbereiteten Backbleche geben, dazwischen 5 cm Platz lassen, und mit einem Stück eingelegtem Ingwer verzieren. Die Plätzchen 10 Minuten backen, bis sie goldbraun sind und dann vollständig abkühlen lassen. Ingwerplätzchen in luftdicht verschlossenen Dosen aufbewahren.

TIP

In Sirup eingelegter Ingwer ist in Delikatessengeschäften erhältlich; Sie können aber auch kandierten Ingwer verwenden.

Pfeffernüsse

LINKS UND OBEN

ERGIBT UNGEFÄHR 40 STÜCK

Dieses pfeffrige, in Puderzucker gewälzte Gebäck erfreut sich zu Weihnachten in ganz Nordeuropa großer Beliebheit. In Dänemark nennt man es *Pebernødder* und in Schweden *Pepparnotter.*

ZUTATEN

- ◊ 440 g Weizenmehl (eventuell zusätzliches Mehl)
- ◊ 3/4 TL Natron
- ◊ 3/4 TL Backpulver
- ◊ 1 TL Zimt
- ◊ 1/2 TL weißer Pfeffer, feingemahlen
- ◊ 1/2 TL Ingwerpulver
- ◊ 1/4 TL Gewürznelken
- ◊ 3/4 TL Salz
- ◊ 3 EL weißes Pflanzenschmalz
- ◊ 375 g klarer Honig
- ◊ 1 Ei
- ◊ Puderzucker zum Bestäuben

◊ Mehl, Natron, Backpulver, Zimt, Pfeffer, Ingwer, Gewürznelken und Salz in eine Schüssel geben und sorgfältig verrühren.

◊ Mit dem Handrührgerät Pflanzenschmalz in einer großen Schüssel 1 Minute schaumig schlagen, nach und nach Honig hinzufügen und sorgfältig verrühren. Anschließend das Ei hinzugeben und die Mehlmischung bei niedrigster Stufe 2–3 Minuten portionsweise unterrühren, bis ein lockerer Teig entsteht. Den Teig zu einer Kugel formen, fest in Klarsichtfolie hüllen und 1 Stunde in den Kühlschrank stellen.

◊ Backofen auf 180 °C vorheizen. Zwei große Backbleche etwas einfetten. Den Teig leicht durchrühren, mit einem Eßlöffel etwas Teig abstechen und mit leicht bemehlten Händen zu einer 2,5 cm großen Kugel formen. Die Teigkugeln auf die vorbereiteten Backbleche geben, dazwischen 2,5 cm Platz lassen.

◊ Die Pfeffernüsse etwa 15 Minuten backen, bis sie goldbraun und leicht aufgesprungen sind. Nach der Hälfte der Backzeit die Backbleche tauschen und drehen (von oben nach unten, von vorne nach hinten). Die Plätzchen vollständig abkühlen lassen. Den restlichen Teig auf die gleiche Weise verarbeiten.

◊ Die abgekühlten Pfeffernüsse in Puderzucker wälzen und in luftdicht verschlossenen Dosen aufbewahren.

Zimtkugeln

OHNE ABBILDUNG

ERGIBT UNGEFÄHR 20 STÜCK

Diese beliebten Plätzchen werden gerne zum Passahfest gereicht, da sie kein Mehl enthalten.

ZUTATEN

- ◊ 225 g Mandeln, Pekan- oder Walnüsse, abgezogen und gemahlen
- ◊ 185 g Puderzucker
- ◊ 1 EL Zimt
- ◊ 2 Eiweiß
- ◊ 1/8 TL Weinstein
- ◊ 105 g Zucker
- ◊ 1 EL Zimt

◊ Backofen auf 160 °C vorheizen. Ein großes beschichtetes Backblech leicht einfetten. Die Mandeln oder Nüsse, die Hälfte des Zuckers und den Zimt in eine Schüssel geben.

◊ Mit dem Handrührgerät Eiweiß in einer großen Schüssel schaumig schlagen. Weinstein hinzufügen und bei mittlerer Stufe das Eiweiß steif schlagen. Den reslichen Zucker löffelweise nach und nach mindestens 10 Minuten lang unter das Eiweiß schlagen, bis der Zucker vollständig aufgelöst und der Eischnee steif ist und glänzt. Dann die Nußmischung unterheben. Den Teig mit angefeuchteten Händen zu walnußgroßen Kugeln formen und auf das vorbereitete Backblech geben, dazwischen 2,5 cm Platz lassen. Kugeln 25–30 Minuten backen, bis sie goldbraun und fest sind. Nach der Hälfte der Backzeit die Backbleche tauschen und drehen. Backbleche auf einem Kuchengitter etwas abkühlen lassen.

◊ Die noch warmen Kugeln in einer Schüssel mit Puderzucker und Zimt wälzen und auf einem Kuchengitter vollständig abkühlen lassen. Anschließend erneut in Puderzucker wälzen und in luftdicht verschlossenen Dosen aufbewahren.

> **TIP**
>
> Falls der Teig zu weich ist, können Sie etwas gemahlene Mandeln hinzufügen.

HASELNUSS-KIPFERLN MIT SCHOKOLADENGLASUR

OBEN UND RECHTS

ERGIBT UNGEFÄHR 36 STÜCK

Die Kombination aus Schokolade und Haselnüssen ist einfach köstlich, aber die Kipferln schmecken auch ohne Glasur wunderbar.

ZUTATEN

- ◊ 50 g Haselnüsse
- ◊ 230 g Weizenmehl
- ◊ 1/4 TL Salz
- ◊ 225 g weiche Butter
- ◊ 90 g Zucker
- ◊ 1 EL Haselnuß- oder Mandellikör oder Wasser
- ◊ 1 TL Vanillearoma
- ◊ 50 g Zartbitter-Schokolade, gerieben oder feingehackt
- ◊ Puderzucker zum Bestäuben
- ◊ 185 g Zartbitter-Schokolade, im Wasserbad geschmolzen, als Glasur

◊ Backofen auf 190 °C vorheizen. Die Nüsse auf einem großen Backblech 5–7 Minuten unter gelegentlichem Rühren und Schütteln goldbraun rösten, auf einen Teller geben und vollständig abkühlen lassen. Backofentemperatur auf 160 °C reduzieren. Mehl und Salz in eine Schüssel geben.

◊ Geröstete Nüsse in einer Küchenmaschine fein hacken, aber nicht mahlen. Mit dem Handrührgerät die Butter in einer großen Schüssel 1 Minute schaumig schlagen, Zucker hinzufügen und weitere 1–2 Minuten schlagen, bis die Mischung locker und luftig ist. Vanillearoma, Likör oder Wasser und – bei niedrigster Stufe – die Mehlmischung sorgfältig unterrühren. Anschließend die gehackten Haselnüsse und die geriebene Schokolade unterheben.

◊ Den Teig mit leicht bemehlten Händen zu 4 cm großen Kugeln und diese zu Halbmonden formen. Die Halbmonde auf ein ungefettetes Backblech geben, dazwischen 5 cm Platz lassen, und 20–25 Minuten backen, bis sie fest und leicht gebräunt sind. Nach der Hälfte der Backzeit das Backblech drehen (von vorne nach hinten). Anschließend das Backblech auf einem Kuchengitter 10 Minuten abkühlen lassen, die Kipferln auf ein Kuchengitter legen und vollständig abkühlen lassen.

◊ Das Kuchengitter mit den Kipferln auf einen Bogen Backpapier stellen und mit Puderzucker bestäuben. Dann die Kipferln mit Hilfe einer Zuckerzange oder mit den Fingern zur Hälfte in die geschmolzene Schokolade tauchen, auf ein mit Butterbrotpapier ausgelegtes Backblech legen und 10–15 Minuten in den Kühlschrank stellen, bis die Schokolade erstarrt.

Mandel- und Pinienkern-Biscotti

OBEN UND UNTEN

ERGIBT UNGEFÄHR 48 STÜCK

Bei diesen trockenen, nussigen Biscotti handelt es sich um eine italienische Abwandlung des deutschen Mandelbrots. Die Biscotti passen hervorragend zu Kaffee oder italienischem Dessertwein.

ZUTATEN

- ◊ 375 g Weizenmehl
- ◊ 50 g Mandeln, feingehackt, oder feiner Weizengrieß
- ◊ 1 TL Natron
- ◊ $\frac{1}{2}$ TL Salz
- ◊ $\frac{1}{2}$ TL Piment
- ◊ 1 TL Zimt
- ◊ 185 g Mandeln, abgezogen, geröstet und grobgehackt
- ◊ 90 g Pinienkerne, geröstet
- ◊ 2 Eier, leicht geschlagen
- ◊ 220 g Zucker
- ◊ 90 g brauner Zucker
- ◊ 50 g Butter, zerlassen und abgekühlt
- ◊ 1 $\frac{1}{2}$ TL Mandel- oder Vanillearoma
- ◊ geriebene Schale von 1 Zitrone
- ◊ Milch als Glasur

◊ Backofen auf 190 °C vorheizen. Ein großes Backblech mit Aluminiumfolie auslegen. Mehl, gemahlene Mandeln oder Weizengrieß, Natron, Salz, Piment, Zimt, gehackte Mandeln und Pinienkerne in eine Schüssel geben. Eiweiß in einer anderen Schüssel schaumig schlagen, dann weißen und braunen Zucker, zerlassene Butter, Mandel- oder Vanillearoma und Zitronenschale hinzufügen und die Mehlmischung nach und nach unterrühren, bis ein Teig entsteht.

◊ Den Teig auf einer leicht bemehlten Arbeitsfläche vorsichtig kneten, bis alle Mandeln und Pinienkerne gleichmäßig verteilt sind; anschließend den Teig vierteln und zu jeweils 25 cm langen und 7,5 cm dicken Strängen rollen.

◊ Die Teigstränge mit einem Streichmesser auf das vorbereitete Backblech transportieren, dazwischen 5–7,5 cm Platz lassen, und mit etwas Milch bestreichen. Die Mandelbrote 25–30 Minuten backen, bis sie goldbraun sind und an einem in die Mitte des Gebäcks gesteckten Holzstäbchen beim Herausziehen kein Teig mehr haftet. Nach der Hälfte der Backzeit das Backblech drehen (von vorne nach hinten). Danach das Backblech auf einem Kuchengitter 10 Minuten abkühlen lassen und die Backofentemperatur auf 160 °C reduzieren.

◊ Die noch warmen und weichen Mandelbrote mit einem scharfen Messer in 1,25 cm Abständen einkerben. Die Aluminiumfolie auf die Arbeitsfläche schieben und die Mandelbrote 10 Minuten ruhen lassen, bis sie fest werden; anschließend mit einem scharfen Brotmesser entsprechend den Einkerbungen in Scheiben schneiden und mit der Schnittfläche nach unten auf ein oder zwei Backbleche legen. Nun die Biscotti weitere 20–25 Minuten backen, bis sie goldbraun sind; dabei die Biscotti nach der Hälfte der Backzeit wenden. Biscotti auf einem Kuchengitter ungefähr 2–3 Stunden vollständig abkühlen lassen, bis sie knusprig sind.

TIP

Dieses Gebäck läßt sich wunderbar als Geschenk verschicken, da es sich sehr lange hält.

Griechische Weihnachts-kringel

O B E N   U N D   U N T E N

ERGIBT UNGEFÄHR 36 STÜCK

In Griechenland reicht man diese Plätzchen traditionell zu Weihnachten.

ZUTATEN

- ◊ 375 g Weizenmehl
- ◊ 1 TL Backpulver
- ◊ 1/2 TL Salz
- ◊ 225 g weiche Butter
- ◊ 90 g Puderzucker
- ◊ 1 großes Ei
- ◊ 50 ml Crème fraîche
- ◊ 2 EL Weinbrand oder Orangenlikör

GLASUR

- ◊ 1 Eigelb, mit 1 TL Wasser verrührt
- ◊ 50 g Sesamkörner
- ◊ kandierte Kirschen, gehackt, zum Dekorieren

◊ Mehl, Backpulver und Salz in eine Schüssel geben. Mit dem Handrührgerät die Butter in einer großen Schüssel 1 Minute schaumig schlagen, Zucker hinzufügen und weitere 1–2 Minuten schlagen, bis die Mischung locker und luftig ist. Crème fraîche, Ei, Weinbrand oder Orangenlikör hinzufügen und 2–3 Minuten sorgfältig verrühren.

◊ Bei niedrigster Stufe die Mehlmischung nach und nach unterrühren, bis ein weicher Teig entsteht. Falls der Teig zu feucht ist, etwas Mehl darübergeben oder 10–15 Minuten in den Kühlschrank stellen.

◊ Mit einem Teelöffel etwas Teig abstechen und mit leicht bemehlten Händen zu einer walnußgroßen Kugel formen. Die Teigkugeln auf einer leicht bemehlten Arbeitsfläche zu 40 cm langen Strängen rollen. Jeden Strang doppelt legen und die beiden Stranghälften miteinander verdrehen, anschließend zu einem Kranz legen und die einander überlappenden Enden fest zusammendrücken.

◊ Die Kringel auf zwei gefettete Backbleche geben, dazwischen 2,5 cm Platz lassen, mit etwas Eiglasur bestreichen und einigen Sesamkörnern bestreuen. Anschließend mit kandierten Kirschen verzieren und 20 Minuten backen, bis sie goldbraun sind. Nach der Hälfte der Backzeit die Backbleche tauschen und drehen (von oben nach unten, von vorne nach hinten). Backbleche auf einem Kuchengitter etwas abkühlen lassen, die Plätzchen vorsichtig auf ein Kuchengitter legen und vollständig abkühlen lassen. Den restlichen Teig auf die gleiche Weise verarbeiten.

Schokoladen-Biscotti

OHNE ABBILDUNG

ERGIBT UNGEFÄHR 36 STÜCK

Zutaten

- ◊ 225 g Weizenmehl
- ◊ 1 1/2 TL Backpulver
- ◊ 1 TL Salz
- ◊ 3/4 TL Zimt
- ◊ 1/2 TL Ingwerpulver
- ◊ 115 g weiche Butter
- ◊ 280 g Zucker
- ◊ 2 Eier, leicht geschlagen
- ◊ geriebene Schale von 1 Orange
- ◊ 50 ml Orangensaft, frischgepreßt
- ◊ 220 g Haselnüsse, geröstet, enthäutet und grobgehackt
- ◊ 225 g Schokostreusel oder 185 g Zartbitter-Schokolade, gehackt
- ◊ 500 g Zartbitter-Schokolade, im Wasserbad geschmolzen

◊ Mehl, Backpulver, Salz, Zimt und Ingwer in eine Schüssel geben. Mit dem elektrischen Handrührgerät die Butter in einer großen Schüssel 30 Sekunden schaumig schlagen, Zucker hinzufügen und weitere 1–2 Minuten schlagen, bis die Mischung locker und luftig ist. Eier, Orangenschale und Saft sowie gehackte Nüsse bei niedrigster Stufe hinzufügen und bei mittlerer Stufe sorgfältig verrühren. Anschließend die Mehlmischung bei niedrigster Stufe nach und nach unterrühren, bis ein lockerer Teig entsteht. Dann die Schokolade dazugeben.

◊ Den Teig halbieren, die Arbeitsfläche mit zwei Bögen Klarsicht- oder Aluminiumfolie abdecken und die Teighälften darauflegen. Mit Hilfe der Folie den Teig zu einem jeweils 7,5 cm dicken Strang rollen, fest in die Folie einwickeln und 20–30 Minuten in den Kühlschrank stellen.

◊ Backofen auf 190 °C vorheizen. Ein großes Backblech mit Aluminiumfolie auslegen, die Teigstränge darauflegen, dazwischen 7,5–10 cm Platz lassen, dann etwas abflachen und zu leichten Ovalen formen. Die Brote 25 Minuten backen, bis sie goldbraun und an der Oberfläche aufgesprungen sind. Nach der Hälfte der Backzeit das Backblech drehen (von vorne nach hinten). Backblech auf einem Kuchengitter 10 Minuten abkühlen lassen und Backofentemperatur auf 160 °C reduzieren.

◊ Die noch warmen und weichen Brote mit einem scharfen Messer in Abständen von 0,5–1,25 cm einkerben. Die Aluminiumfolie auf die Arbeitsfläche schieben und die Brote 10 Minuten ruhen lassen, bis sie fest werden; anschließend mit einem scharfen Brotmesser entsprechend den Einkerbungen in Scheiben schneiden und mit der Schnittfläche nach unten auf ein oder zwei Backbleche legen. Nun die Biscotti weitere 20–25 Minuten backen, bis sie goldbraun sind; dabei die Biscotti nach der Hälfte der Backzeit wenden. Biscotti 2–3 Stunden vollständig abkühlen lassen, bis sie knusprig sind.

◊ Die Biscotti zur Hälfte in die geschmolzene Schokolade tauchen, auf ein mit Butterbrotpapier ausgelegtes Backblech legen und 15–20 Minuten ruhen lassen, bis die Schokolade erstarrt.

SANDGEBÄCK

LINKS UND RECHTS

ERGIBT UNGEFÄHR 48 STÜCK

Diese in Förmchen gebackenen Plätzchen sind eine schwedische Spezialität. Dort nennt man sie *Sandkakers,* also Sandkuchen, weil der Teig so leicht und fein wie Sand ist.

ZUTATEN

- ◊ 225 g Weizenmehl
- ◊ 1/2 TL Salz
- ◊ 225 g weiche Butter
- ◊ 155 g Zucker
- ◊ 1 TL Vanillearoma
- ◊ 1 Ei, leicht geschlagen
- ◊ 30 g Mandeln, abgezogen und gehackt

◊ Backofen auf 190 °C vorheizen. Möglichst viele Obsttortenförmchen oder andere Förmchen sorgfältig einfetten. Mehl und Salz in eine Schüssel geben und beiseite stellen.

◊ Mit dem Handrührgerät die Butter in einer Schüssel 30 Sekunden schaumig schlagen, Zucker und Vanillearoma hinzufügen und weitere 1–2 Minuten schlagen, bis die Mischung locker und luftig ist. Ei hinzufügen und bei niedrigster Stufe die Mehlmischung und die Mandeln sorgfältig unterrühren, bis ein lockerer Teig entsteht.

◊ Etwa 2 Teelöffel Teig in jedes Förmchen füllen, die Förmchen auf ein Backblech stellen und 6–8 Minuten backen, bis die Plätzchen goldbraun sind. Backblech auf einem Kuchengitter 5 Minuten abkühlen lassen und die Plätzchen vorsichtig auf ein Kuchengitter stürzen und vollständig abkühlen lassen. Den restlichen Teig auf die gleiche Weise verarbeiten. Das Sandgebäck in luftdicht verschlossenen Dosen aufbewahren.

TIP

Spezielle Förmchen für dieses Sandgebäck sind in gut sortierten Haushaltswarengeschäften erhältlich. Sie können statt dessen aber auch kleine Obsttortenförmchen oder andere Plätzchenformen verwenden.

Snickerdoodles

OHNE ABBILDUNG

ERGIBT UNGEFÄHR 48 STÜCK

Diese traditionellen Plätzchen aus Neuengland werden aus Mehl, Nüssen und Korinthen gebakken. Der Name des Gebäcks ist übrigens frei erfunden und hat keine weitere Bedeutung.

ZUTATEN

- ◊ 440 g Weizenmehl
- ◊ 1 TL Natron
- ◊ 1 TL Zimt
- ◊ 1/2 TL Muskat
- ◊ 115 g weiche Butter
- ◊ 315 g Zucker
- ◊ 2 Eier
- ◊ 50 ml Milch
- ◊ 1 TL Vanillearoma
- ◊ 50 g Pekan- oder Walnüsse, gehackt
- ◊ 90 g Korinthen (nach Wunsch)

GLASUR

- ◊ 115 g Zucker
- ◊ 2 EL Zimt
- ◊ 1 TL Muskat

◊ Zwei große Backbleche leicht einfetten. Mehl, Natron und Zimt in eine Schüssel geben und beiseite stellen. Mit dem Handrührgerät die Butter in einer großen Schüssel 30 Sekunden schaumig schlagen, Zucker hinzufügen und weitere 1–2 Minuten schlagen, bis die Mischung locker und luftig ist. Die Eier nacheinander sorgfältig unterrühren sowie Milch und Vanillearoma langsam hinzufügen. Anschließend die Mehlmischung unterrühren, die gehackten Nüsse dazugeben und den Teig 15–20 Minuten in den Kühlschrank stellen, bis er gerade fest ist.

◊ Backofen auf 140 °C vorheizen. Zucker und Zimt in eine kleine Schüssel geben. Den Teig zu 4 cm großen Kugeln formen. Die Teigkugeln in der Schüssel mit Zucker und Zimt wälzen und auf die Backbleche geben, dazwischen 5 cm Platz lassen. Die Kugeln mit dem Daumen etwas abflachen und 10 Minuten backen, bis sie goldbraun sind. Backbleche abkühlen lassen.

Pfefferminzstangen

OBEN, RECHTS UND UNTEN

ERGIBT UNGEFÄHR 24 STÜCK

Der Teig kann eingefärbt und zu Zuckerstangen geformt werden.

ZUTATEN

- ◊ 315 g Weizenmehl
- ◊ 1/4 TL Salz
- ◊ 225 g weiche Butter
- ◊ 185 g Puderzucker, gesiebt
- ◊ 1 Ei
- ◊ 1/2 TL Vanillearoma
- ◊ 4 Tropfen Pfefferminzöl
- ◊ 1/4 TL rote Lebensmittelfarbe (nach Wunsch)
- ◊ 50 g Pfefferminzbonbons, zerdrückt

◊ Mehl und Salz in eine Schüssel geben. Mit dem elektrischen Handrührgerät die Butter in einer großen Schüssel 30 Sekunden schaumig schlagen, nach und nach Zucker hinzufügen und weitere 1–2 Minuten schlagen, bis die Mischung locker und luftig ist. Vanillearoma, Ei und Pfefferminzöl hinzufügen und die Mehlmischung bei niedrigster Stufe sorgfältig unterrühren.

◊ Die Hälfte des Teigs fest in Klarsichtfolie wickeln. Lebensmittelfarbe und Pfefferminzbonbons zum restlichen Teig geben, sorgfältig unterrühren und ebenfalls in Klarsichtfolie wickeln. Beide Teighälften 1 Stunde in den Kühlschrank stellen.

◊ Backofen auf 180 °C vorheizen. Zwei große Backbleche mit Aluminiumfolie oder Backpapier auslegen. Mit einem Teelöffel etwas ungefärbten sowie rotgefärbten Teig abstechen und zu je 10 cm langen Strängen rollen. Beide Stränge umeinander wickeln und das obere Ende umbiegen. Die Stangen auf die vorbereiteten Backbleche geben, dazwischen 5 cm Platz lassen.

◊ Die Pfefferminzstangen 8–10 Minuten backen; sie dürfen jedoch nicht braun werden. Backbleche auf einem Kuchengitter etwas abkühlen lassen, die Plätzchen mit Hilfe eines Metallspatels vorsichtig auf ein Kuchengitter legen und vollständig abkühlen lassen.

> **TIP**
>
> Sie können die Pfefferminzstangen auch mit einem farbigen Band dekorieren und als Christbaumschmuck verwenden.

KARDAMOM-PLÄTZCHEN

R E C H T S   U N D   U N T E N

ERGIBT UNGEFÄHR 24 STÜCK

Diese köstlichen Butterplätzchen werden mit Kardamom aromatisiert, einem in Skandinavien sehr beliebten Gewürz.

ZUTATEN

- ◊ 225 g Weizenmehl
- ◊ 4 TL Kardamom
- ◊ 1/4 TL Salz
- ◊ 185 g weiche Butter
- ◊ 105 g Zucker
- ◊ 50 g Mandelblättchen oder -splitter

DEKOR

- ◊ 50 g Puderzucker
- ◊ 1 1/2 TL ganze Kardamomkapseln
- ◊ Mandelblättchen oder -splitter

◊ Backofen auf 190 °C vorheizen. Zwei große Backbleche einfetten. Mehl, Kardamom und Salz in eine Schüssel geben. Mit dem elektrischen Handrührgerät die Butter in einer großen Schüssel 30 Sekunden schaumig schlagen, nach und nach Zucker hinzufügen und weitere 1–2 Minuten schlagen, bis die Mischung locker und luftig ist. Bei niedrigster Stufe die Mehlmischung sorgfältig unterrühren und die Mandelblättchen hinzufügen.

◊ Puderzucker und Kardamom in eine kleine Schüssel geben. Mit einem Eßlöffel etwas Teig abstechen und zu einer 4 cm großen Kugel formen. Die Teigkugeln nacheinander in der Puderzuckermischung wälzen und auf die vorbereiteten Backbleche geben, dazwischen 4 cm Platz lassen. Den Boden eines Trinkglases in die Zuckermischung tauchen und die Kugeln zu 0,6 cm dicken Scheiben abflachen. Jedes Plätzchen mit 2 oder 3 Mandelblättchen verzieren.

◊ Die Plätzchen 12–14 Minuten backen, bis sie goldbraun sind. Nach der Hälfte der Backzeit die Backbleche tauschen und drehen (von oben nach unten, von vorne nach hinten). Backbleche auf einem Kuchengitter 2–3 Minuten abkühlen lassen, die Plätzchen mit Hilfe eines Metallspatels vorsichtig auf ein Kuchengitter legen und vollständig abkühlen lassen. Kardamomplätzchen in luftdicht verschlossenen Dosen aufbewahren.

KAPITEL

3

Plätzchen aus Mürbeteig

Die aus einem festen Teig gefertigten Plätzchen sind im Kühlschrank mehrere Tage und tiefgefroren maximal sechs Monate haltbar.

Haselnuß-Orangen-Schnecken
Hafer-Kokos-Kekse
Käsekräcker
Zitronentaler
Mohnschnecken
Cashewnußkekse
Belgische Mandelschnitten
Schokoladen-Ingwer-Happen
Schokoladen-Vanille-Schnecken
Pekannußscheiben
Erdnußtaler
Mandelkeksc
Zimtschnitten
Schokoladen-Nuß-Taler
Kokoskekse

Haselnuss-Orangen-Schnecken

LINKS UND OBEN

ERGIBT UNGEFÄHR 48 STÜCK

Diese zweifarbigen Plätzchen können auch mit Pekan- oder Walnüssen gebacken werden, aber Haselnüsse passen besser zum Orangenaroma.

ZUTATEN

- ◊ 115 g Haselnüsse, geröstet und feingemahlen
- ◊ 50 g Orangenmarmelade
- ◊ 30 g Rosinen, feingehackt
- ◊ geriebene Schale von 1 Orange
- ◊ 1/2 TL Zimt
- ◊ 185 g brauner Zucker
- ◊ 50 g Butter oder Margarine
- ◊ 50 g Pflanzenschmalz
- ◊ 220 g Weizenmehl
- ◊ 1 Ei

◊ Haselnüsse, Orangenmarmelade, Rosinen, Zimt, Orangenschale und 3 EL braunen Zucker in eine Schüssel geben. Mit dem elektrischen Handrührgerät Butter oder Margarine, Pflanzenschmalz, Mehl und Ei in einer Schüssel zu einem festen Teig verrühren. Den Teig halbieren.

◊ Eine Teighälfte auf Klarsichtfolie oder Butterbrotpapier zu einem 15 × 36 cm großen Rechteck ausrollen und mit der Hälfte der Nußmischung bestreichen. Anschließend den Teig von der Schmalseite aus wie eine Biskuitrolle aufrollen und fest in Klarsichtfolie wickeln. Den restlichen Teig auf die gleiche Weise verarbeiten und beide Teigrollen mehrere Stunden in den Kühlschrank stellen.

◊ Backofen auf 180 °C vorheizen. Zwei große Backbleche leicht einfetten. Die Teigrollen in 0,6 cm dicke Scheiben schneiden und diese auf die vorbereiteten Backbleche geben, dazwischen 2,5 cm Platz lassen. Die Schnecken 10 Minuten backen, bis sie goldbraun sind. Schnecken vollständig abkühlen lassen.

Hafer-Kokos-Kekse

OHNE ABBILDUNG

ERGIBT UNGEFÄHR 24 STÜCK

Diese knusprigen Kekse enthalten kein Mehl und bekommen ihren knackigen Biß durch Vollkorn-Haferflocken.

ZUTATEN

- ◊ 155 g weiche Butter
- ◊ 105 g Zucker
- ◊ 225 g Vollkorn-Haferflocken
- ◊ 90 g Kokosraspel
- ◊ 1/2 TL Zimt
- ◊ 1/4 TL Ingwerpulver
- ◊ 1/4 TL Muskat
- ◊ 1 TL Vanillearoma
- ◊ geriebene Schale von 1 Zitrone
- ◊ geriebene Schale von 1 Orange
- ◊ 1/4 TL Salz

◊ Mit dem elektrischen Handrührgerät Butter und Zucker in einer großen Schüssel 1–2 Minuten schaumig schlagen, bis die Mischung locker und luftig ist. Die restlichen Zutaten sorgfältig unterrühren.

◊ Den Teig auf etwas Klarsichtfolie oder Butterbrotpapier geben, mit Hilfe der Folie zu einem 2,5 cm dicken Strang rollen, fest in die Folie einwickeln und mehrere Stunden oder über Nacht in den Kühlschrank stellen, bis er sehr fest ist. (Der Teig kann maximal 5 Tage im Kühlschrank aufbewahrt oder tiefgefroren werden.)

◊ Backofen auf 110 °C vorheizen. Den Teigstrang mit einem scharfen Messer in 0,6 cm dicke Scheiben schneiden und auf zwei ungefettete Backbleche geben, dazwischen 2,5 cm Platz lassen. Die Kekse 15–17 Minuten backen, bis sie goldbraun sind. Nach der Hälfte der Backzeit die Backbleche tauschen und drehen (von oben nach unten, von vorne nach hinten). Backbleche auf einem Kuchengitter etwas abkühlen lassen, die Plätzchen mit Hilfe eines Metallspatels vorsichtig auf ein Kuchengitter legen und vollständig abkühlen lassen. Kekse in luftdicht verschlossenen Dosen mit einem Stück Butterbrotpapier zwischen den einzelnen Lagen aufbewahren.

Käsekräcker

RECHTS UND UNTEN LINKS

ERGIBT UNGEFÄHR 48 STÜCK

Die würzigen Käsekräcker reicht man statt Erdnüssen oder Chips als schmackhafte Knabberei zu kalten Getränken.

ZUTATEN

- ◊ 115 g weiche Butter
- ◊ 115 g reifer Cheddar, gerieben
- ◊ 115 g Weizenmehl
- ◊ 3 EL Schnittlauchröllchen
- ◊ 1/8 TL Salz
- ◊ 1/4 – 1/2 TL Cayennepfeffer oder Chilipulver

◊ Mit dem elektrischen Handrührgerät die Butter in einer großen Schüssel 30 Sekunden schaumig schlagen, geriebenen Käse, Mehl, Schnittlauch, Salz und Cayennepfeffer unterrühren, bis ein weicher Teig entsteht.

◊ Den Teig auf etwas Klarsichtfolie oder Butterbrotpapier geben, mit Hilfe der Folie zu einem 4 cm dicken Strang rollen, fest in die Folie einwickeln und mehrere Stunden oder über Nacht in den Kühlschrank stellen, bis er sehr fest ist. (Der Teig kann maximal 5 Tage im Kühlschrank aufbewahrt oder tiefgefroren werden.)

◊ Backofen auf 180 °C vorheizen. Zwei große Backbleche leicht einfetten. Den Teigstrang mit einem Messer in 1 cm dicke Scheiben schneiden, diese auf die vorbereiteten Backbleche geben und 10–12 Minuten backen, bis sie goldbraun und leicht aufgegangen sind. Die Kräcker mit Hilfe eines Metallspatels vorsichtig auf ein Kuchengitter legen und vollständig abkühlen lassen. Kräcker in luftdicht verschlossenen Dosen aufbewahren.

TIP

Auf diese Weise lassen sich kleine Käsereste wunderbar verwerten. Allerdings sollte der Käse ein intensives Aroma besitzen, da die Kräcker sonst nicht pikant schmecken.

Zitronentaler

OHNE ABBILDUNG

ERGIBT UNGEFÄHR 50 STÜCK

Diese zarten, dünnen Taler besitzen ein wundervolles Zitronenaroma und passen daher hervorragend zu Fruchtsorbets.

ZUTATEN

- ◊ 185 g Weizenmehl
- ◊ 1/2 TL Backpulver
- ◊ 1/2 TL Natron
- ◊ 1/4 TL Salz
- ◊ 115 g Pflanzenschmalz
- ◊ 30 g weiche Butter
- ◊ 220 g Zucker
- ◊ 1/2 TL Vanillearoma
- ◊ 3/4 TL Zitronenaroma
- ◊ geriebene Schale und Saft von 1 Zitrone
- ◊ Puderzucker zum Bestäuben

◊ Mehl, Backpulver, Natron und Salz in eine Schüssel geben und beiseite stellen. Mit dem elektrischen Handrührgerät Butter und Pflanzenschmalz in einer großen Schüssel 30–60 Sekunden schaumig schlagen, nach und nach Zucker hinzufügen und weitere 1–2 Minuten schlagen, bis die Mischung locker und luftig ist. Vanille- und Zitronenaroma, Zitronenschale und Saft hinzufügen und bei niedrigster Stufe die Mehlmischung sorgfältig unterrühren, bis ein lockerer Teig entsteht.

◊ Den Teig auf etwas Klarsichtfolie oder Butterbrotpapier geben, mit Hilfe der Folie zu einem 4 cm dicken Strang rollen, fest in die Folie einwickeln und mehrere Stunden oder über Nacht in den Kühlschrank stellen, bis er sehr fest ist.

◊ Backofen auf 180 °C vorheizen. Den Teigstrang mit einem scharfen Messer in 3 mm dicke Scheiben schneiden und diese auf zwei ungefettete Backbleche geben, dazwischen 5 cm Platz lassen. Die Taler 8 Minuten backen, bis sie an den Rändern goldbraun, in der Mitte aber noch hell sind. Backbleche auf einem Kuchengitter etwas abkühlen lassen, die Taler mit Hilfe eines Metallspatels vorsichtig auf ein Kuchengitter legen und vollständig abkühlen lassen. Taler in luftdicht verschlossenen Dosen aufbewahren und vor dem Servieren mit Puderzucker bestäuben.

TIP

Die Taler dürfen nicht auf dem Backblech abkühlen, da sie sich sonst nicht mehr problemlos herunternehmen lassen.

Mohnschnecken

OBEN UND UNTEN

ERGIBT UNGEFÄHR 48 STÜCK

Die Füllung dieser schmackhaften Schnecken besteht hauptsächlich aus Mohn.

ZUTATEN

- ◊ 50 g Walnüsse, feingemahlen
- ◊ 50 g Mohn
- ◊ 115 g klarer Honig
- ◊ 1/2 TL Zimt
- ◊ geriebene Schale von 1 Orange
- ◊ 90 g weiche Butter
- ◊ 105 g Zucker
- ◊ 1 Ei, leicht geschlagen
- ◊ 1 TL Vanillearoma
- ◊ 185 g Weizenmehl

◊ Walnüsse, Mohn, Honig, Zimt, Orangenschale und 30 g der weichen Butter in eine Schüssel geben und zu einer Paste verrühren; anschließend beiseite stellen.

◊ Mit dem elektrischen Handrührgerät restliche Butter und Zucker in einer großen Schüssel 1–2 Minuten schaumig schlagen, bis die Mischung locker und luftig ist. Vanillearoma und Ei hinzufügen und bei niedrigster Stufe das Mehl sorgfältig unterrühren, bis ein weicher Teig entsteht. Den Teig 15–20 Minuten in den Kühlschrank stellen.

◊ Den Teig auf leicht bemehltem Butterbrot- oder Backpapier zu einem 15 × 30 cm großen Rechteck ausrollen und mit der Mohnpaste bestreichen. Anschließend den Teig von der Schmalseite aus wie eine Biskuitrolle aufrollen, fest in Klarsichtfolie wickeln und mehrere Stunden oder über Nacht in den Kühlschrank stellen.

◊ Backofen auf 190 °C vorheizen. Zwei große beschichtete Backbleche leicht einfetten. Die Teigrolle in 0,6 cm dicke Scheiben schneiden und diese auf die vorbereiteten Backbleche geben, dazwischen 1,2 cm Platz lassen. Schnecken 10 Minuten backen, bis sie goldbraun sind, und vollständig abkühlen lassen.

Cashewnusskekse

LINKS UND UNTEN

ERGIBT UNGEFÄHR 54 STÜCK

Diese Kekse erhalten ihr besonderes Aroma durch die »Cashewnußbutter«, für deren Herstellung Sie eine Küchenmaschine benötigen. Die Butter ist aber auch in manchen Reformhäusern oder Bioläden erhältlich.

ZUTATEN

- ◊ 115 g ungesalzene Cashewnüsse, geröstet
- ◊ 2 EL Pflanzenöl
- ◊ 200 g Weizenmehl
- ◊ 1 TL Natron
- ◊ 1/2 TL Salz
- ◊ 115 g weiche Butter
- ◊ 115 g Zucker
- ◊ 90 g brauner Zucker
- ◊ 1 Ei
- ◊ 2 EL Rum oder Weinbrand
- ◊ 1 TL Vanillearoma
- ◊ 115 g Cashewnüsse, geröstet und gehackt
- ◊ 50 g Vollkorn-Haferflocken

◊ Cashewnüsse und Pflanzenöl in einer Küchenmaschine zu einer dicken, glatten, erdnußbutterähnlichen Paste verarbeiten. Mehl, Natron und Salz in eine Schüssel geben und beiseite stellen.

◊ Mit dem Handrührgerät die Butter in einer Schüssel 30 Sekunden schaumig schlagen, weißen und braunen Zucker hinzufügen und weitere 1–2 Minuten schlagen, bis die Mischung locker und luftig ist. Vanillearoma, Ei, Cashewpaste sowie Rum oder Weinbrand hinzufügen.

◊ Bei niedrigster Stufe die Mehlmischung sorgfältig unterrühren, bis ein weicher Teig entsteht; anschließend gehackte Nüsse und Haferflocken dazugeben. Den Teig auf einer leicht bemehlten Arbeitsfläche zu einem 5 cm dicken Strang rollen, fest in die Klarsichtfolie einwickeln und 4–6 Stunden in den Kühlschrank stellen.

◊ Backofen auf 180 °C vorheizen. Zwei Backbleche leicht einfetten. Den Teigstrang in 1 cm dicke Scheiben schneiden, diese auf die vorbereiteten Backbleche geben, dazwischen 2,5 cm Platz lassen, und 10–12 Minuten backen, bis die Kekse goldbraun sind. Backbleche auf einem Kuchengitter etwas abkühlen lassen, die Kekse vollständig abkühlen lassen. Den restlichen Teig nach Bedarf auf die gleiche Weise verarbeiten. Cashewnußkekse in luftdicht verschlossenen Dosen aufbewahren.

TIP

Der Teig kann maximal 5 Tage im Kühlschrank aufbewahrt oder tiefgefroren werden. Den gefrorenen Teig über Nacht im Kühlschrank auftauen lassen und die benötigte Teigmenge scheibenweise abschneiden.

Belgische Mandelschnitten

L I N K S   U N D   R E C H T S

ERGIBT UNGEFÄHR 36 STÜCK

Einen hübschen Effekt erzielen Sie, wenn Sie die Teigschnitten in gehackten Mandeln wälzen.

ZUTATEN

- ◊ 3 EL Butter
- ◊ 50 ml Milch
- ◊ 2 EL Weinbrand
- ◊ 225 g Weizenmehl
- ◊ 1/2 TL Backpulver
- ◊ 3/4 TL Zimt
- ◊ 1/4 TL Salz
- ◊ 115 g Mandeln, abgezogen und gemahlen oder feingehackt
- ◊ 90 g brauner Zucker
- ◊ 115 g Mandeln, abgezogen und gehackt

◊ Butter in einem Topf bei schwacher Hitze zerlassen, vom Herd nehmen und etwas abkühlen lassen. Milch sowie Weinbrand unterrühren, dann beiseite stellen.

◊ Mehl, Backpulver, Zimt und Salz in eine Schüssel geben, gemahlene Mandeln und Zucker hinzufügen und die Buttermischung unterrühren, bis ein weicher Teig entsteht. (Falls der Teig zu weich ist, etwas Mehl dazugeben.)

◊ Den Teig auf etwas Klarsichtfolie oder Butterbrotpapier geben, mit Hilfe der Folie zu einem 5 cm dicken Strang rollen, fest in die Folie einwickeln und 5–10 Minuten in den Kühlschrank stellen. Die Arbeitsfläche mit gehackten Mandeln bestreuen, den Teigstrang darin wälzen, erneut in Folie wickeln und mehrere Stunden oder über Nacht in den Kühlschrank stellen.

◊ Backofen auf 190 °C vorheizen. Zwei große Backbleche leicht einfetten. Den Teigstrang in etwa 1 cm dicke Scheiben schneiden, diese auf die vorbereiteten Backbleche geben, dazwischen 2,5 cm Platz lassen, und 10 Minuten backen, bis sie goldbraun sind. Backbleche auf einem Kuchengitter etwas abkühlen lassen.

Schokoladen-Ingwer-Happen

LINKS UND RECHTS

ERGIBT UNGEFÄHR 36 STÜCK

Die Kombination von Schokolade und Ingwer schmeckt einfach sensationell! Der frische Ingwer verleiht diesen Plätzchen ein sehr würziges Aroma.

ZUTATEN

- ◊ 5–7,5 cm großes Stück frischer Ingwer
- ◊ 185 g Weizenmehl
- ◊ 2 EL Kakao
- ◊ 115 g Vollkornweizenmehl
- ◊ 1/2 TL Salz
- ◊ 1/4 TL schwarzer Pfeffer, feingemahlen
- ◊ 225 g weiche Butter
- ◊ 185 g brauner Zucker
- ◊ 2 Eigelb
- ◊ 2 TL Vanillearoma
- ◊ 375 g Zartbitter-Schokolade, gehackt
- ◊ kandierter Ingwer, gehackt, zum Dekorieren

◊ Ingwer sehr fein reiben und beiseite stellen. Mehl und Kakao in eine Schüssel geben, Vollkornmehl, Salz und Pfeffer hinzufügen. Mit dem elektrischen Handrührgerät die Butter in einer großen Schüssel 30 Sekunden schaumig schlagen, braunen Zucker hinzufügen und weitere 1–2 Minuten schlagen, bis die Mischung locker und luftig ist. Vanillearoma, Eigelb und geriebenen Ingwer hinzufügen und sorgfältig unterrühren. Anschließend die Mehlmischung dazugeben.

◊ Den Teig auf Klarsichtfolie oder Butterbrotpapier geben, mit Hilfe der Folie zu einem 7,5 cm dicken Strang rollen, fest in die Folie einwickeln und mehrere Stunden in den Gefrierschrank legen. (Der Teig kann maximal 2 Monate im Gefrierschrank aufbewahrt werden.)

◊ Backofen auf 180 °C vorheizen. Zwei große Backbleche mit Backpapier auslegen. Den Teigstrang mit einem scharfen Messer in etwa 3 mm dicke Scheiben schneiden und diese auf die vorbereiteten Backbleche geben, dazwischen 2,5 cm Platz lassen.

◊ Die Happen 15 Minuten backen, bis sie leicht gebräunt sind. Nach der Hälfte der Backzeit die Backbleche tauschen und drehen (von oben nach unten, von vorne nach hinten). Backbleche auf einem Kuchengitter 1 Minute abkühlen lassen, die Plätzchen mit Hilfe eines Metallspatels vorsichtig auf ein Kuchengitter legen und vollständig abkühlen lassen.

◊ Die gehackte Schokolade unter ständigem Rühren im Wasserbad schmelzen, vom Herd nehmen und abkühlen lassen. Sobald sie etwas fester geworden ist, mit einem Messer ein wenig Schokolade auf jedes Plätzchen streichen, die Happen mit kandiertem Ingwer verzieren und vollständig abkühlen lassen. Schokoladen-Ingwer-Happen in luftdicht verschlossenen Dosen mit einem Stück Butterbrotpapier zwischen den einzelnen Lagen aufbewahren.

TIP

Sie können den frischen Ingwer auch in der Küchenmaschine pürieren.

Schokoladen-Vanille-Schnecken

LINKS UND RECHTS

ERGIBT UNGEFÄHR 60 STÜCK

Diese Schnecken nicht zu lange backen, da sonst der farbliche Kontrast verlorengeht.

ZUTATEN

- ◊ 375 g Weizenmehl
- ◊ 1/2 TL Salz
- ◊ 225 g weiche Butter
- ◊ 220 g Zucker
- ◊ 2 Eier, leicht geschlagen
- ◊ 2 TL Vanillearoma
- ◊ 30 g Bitter-Kuvertüre, im Wasserbad geschmolzen und abgekühlt

◊ Mehl und Salz in eine Schüssel geben. Mit dem Handrührgerät die Butter in einer großen Schüssel 30–60 Sekunden schaumig schlagen, Zucker hinzufügen und weitere 1–2 Minuten schlagen, bis die Mischung locker und luftig ist. Vanillearoma und Eier hinzufügen und bei niedrigster Stufe die Mehlmischung sorgfältig unterrühren.

◊ Den Teig halbieren, eine Teighälfte in Klarsichtfolie wickeln und in den Kühlschrank stellen. Die geschmolzene Schokolade zur anderen Teighälfte geben, sorgfältig unterrühren und ebenfalls in Klarsichtfolie gehüllt in den Kühlschrank stellen, bis sie fest ist. Die Hälfte des hellen Vanilleteigs auf einer leicht bemehlten Arbeitsfläche oder zwischen 2 Bögen Klarsichtfolie bzw. Butterbrotpapier zu einem etwa 5 mm dicken und 10 cm breiten Rechteck ausrollen. Anschließend eine Hälfte des Schokoladenteigs auf die gleiche Größe ausrollen.

◊ Das obere Butterbrotpapier entfernen und den Schokoladenteig auf das Vanillerechteck legen, dabei die beiden Teigschichten leicht mit einem Nudelholz bearbeiten, damit sie sich miteinander verbinden. Anschließend den Teig von der Schmalseite aus wie eine Biskuitrolle aufrollen und in Klarsichtfolie wickeln. Auf die gleiche Weise den restlichen Vanille- und Schokoladenteig verarbeiten und beide Teigrollen mehrere Stunden in den Kühlschrank stellen.

◊ Backofen auf 190 °C vorheizen. Zwei große Backbleche leicht einfetten. Die Teigrollen in etwa 5 mm dicke Scheiben schneiden und diese auf die vorbereiteten Backbleche geben, dazwischen 2,5 cm Platz lassen. Die Schnecken etwa 7–10 Minuten backen, bis sie leicht gebräunt sind.

TIP

Für Zitronen- oder Orangen-Schnecken ersetzen Sie einen der Teelöffel Vanillearoma durch 2–3 Teelöffel geriebene Zitronen- bzw. Orangenschale.

Pekannuss-Scheiben

OBEN UND RECHTS

ERGIBT UNGEFÄHR 60 STÜCK

ZUTATEN

- ◊ 225 g Weizenmehl
- ◊ 1/4 TL Natron
- ◊ 1/4 TL Salz
- ◊ 500 g weiche Butter
- ◊ 115 g Zucker
- ◊ 45 g brauner Zucker
- ◊ 1 Ei
- ◊ 1 TL Ahornsirup
- ◊ 115 g Pekannüsse, feingehackt
- ◊ 115 g Datteln, feingehackt
- ◊ Pekannußhälften zum Dekorieren

◊ Mehl, Natron und Salz in eine Schüssel geben. Mit dem Handrührgerät die Butter in einer Schüssel 30 Sekunden schaumig schlagen, braunen und weißen Zucker hinzufügen und weitere 1–2 Minuten schlagen, bis die Mischung locker und luftig ist. Ahornsirup und Ei hinzugeben und bei niedrigster Stufe die Mehlmischung sorgfältig unterrühren. Anschließend gehackte Nüsse und Datteln unterheben. Den Teig halbieren und zu zwei 23 cm langen Strängen rollen, dann etwas abflachen und zu Ovalen formen. Beide Teigrollen fest in Klarsichtfolie wickeln und mehrere Stunden in den Kühlschrank stellen.

◊ Backofen auf 180 °C vorheizen. Zwei große Backbleche leicht einfetten. Einen Teigstrang in etwa 5 mm dicke Scheiben schneiden, diese auf die vorbereiteten Backbleche geben, dazwischen 5 cm Platz lassen, und mit einer Pekannußhälfte verzieren. Die Pekannußscheiben 12 Minuten backen, bis sie goldbraun sind. Backbleche auf einem Kuchengitter etwas abkühlen lassen, die Scheiben mit Hilfe eines Metallspatels vorsichtig auf ein Kuchengitter legen und vollständig abkühlen lassen. Den restlichen Teig auf die gleiche Weise verarbeiten. Pekannußscheiben in luftdicht verschlossenen Dosen aufbewahren.

ERDNUSSTALER

OHNE ABBILDUNG

ERGIBT UNGEFÄHR 60 STÜCK

Die Plätzchen besitzen ein intensives Erdnußaroma, das von der Schokoladenglasur betont wird.

ZUTATEN

- ◊ 90 g ungesalzene Erdnüsse
- ◊ 225 g Weizenmehl
- ◊ 1/2 TL Salz
- ◊ 1/4 TL Backpulver
- ◊ 225 g weiche Butter
- ◊ 115 g brauner Zucker
- ◊ 1 Ei
- ◊ 1 TL Vanillearoma
- ◊ Erdnüsse zum Dekorieren
- ◊ 115 g Vollmilch- oder Zartbitter-Schokolade, im Wasserbad geschmolzen, für die Glasur (nach Wunsch)

◊ Ungesalzene Erdnüsse in einer Küchenmaschine zu einer glatten Paste verarbeiten und beiseite stellen. Mehl, Backpulver und Salz in eine Schüssel geben. Mit dem Handrührgerät die Butter in einer Schüssel 30 Sekunden schaumig schlagen, Zucker hinzufügen und 1–2 Minuten schlagen, bis die Mischung locker und luftig ist. Vanillearoma und Ei hinzufügen und bei niedrigster Stufe Erdnußpaste und Mehlmischung sorgfältig unterrühren, bis ein weicher Teig entsteht.

◊ Den Teig halbieren und zu zwei 20 cm langen Strängen rollen, dann fest in Klarsichtfolie wickeln und mehrere Stunden in den Kühlschrank stellen. (Der Teig kann bis zu 5 Tagen im Kühlschrank aufbewahrt werden.)

◊ Backofen auf 180 °C vorheizen. Zwei große Backbleche leicht einfetten. Einen Teigstrang in 0,6 cm dicke Scheiben schneiden, diese auf die vorbereiteten Backbleche geben, dazwischen 1,25 cm Platz lassen, und mit einer ganzen Erdnuß verzieren. Die Erdnußtaler 8–10 Minuten backen, bis sie goldbraun sind. Backbleche auf einem Kuchengitter etwas abkühlen lassen, die Scheiben mit Hilfe eines Metallspatels vorsichtig auf ein Kuchengitter legen und vollständig abkühlen lassen. Auf die gleiche Weise restlichen Teig und Erdnüsse verarbeiten.

◊ Die Taler auf ein Kuchengitter legen und mit einem dekorativen Muster aus geschmolzener Schokolade verzieren; dazu Schokolade mit einem Löffel oder einer Spritztüte aufträufeln und etwa 20 Minuten abkühlen lassen. Erdnußtaler in luftdicht verschlossenen Dosen aufbewahren.

MANDELKEKSE

OHNE ABBILDUNG

ERGIBT UNGEFÄHR 36 STÜCK

Diese knusprigen Kekse enthalten statt Mehl gemahlene Mandeln. Am besten verwenden Sie selbstgemahlene Mandeln, da frisch gemahlene Mandeln mehr Aroma besitzen als die im Handel erhältlichen, bereits gemahlenen Mandeln.

ZUTATEN

- ◊ 185 g Mandeln, abgezogen und geröstet
- ◊ 90 g Zucker
- ◊ 115 g weiche Butter
- ◊ 1/4 TL Salz
- ◊ 1/2 TL Vanillearoma
- ◊ 1/2 TL Mandelaroma
- ◊ Puderzucker zum Bestäuben (nach Wunsch)

◊ Geröstete Mandeln und 1 Eßlöffel Zucker in einer Küchenmaschine sehr fein, aber nicht zu lange mahlen, da sonst Mandelmus entsteht.

◊ Mit dem elektrischen Handrührgerät Butter und restlichen Zucker in einer großen Schüssel 1–2 Minuten schlagen, bis die Mischung locker und luftig ist. Salz, Vanille- und Mandelaroma hinzufügen und die gemahlenen Mandeln bei niedrigster Stufe sorgfältig unterrühren, bis ein weicher Teig entsteht.

◊ Den Teig auf etwas Klarsichtfolie oder Butterbrotpapier geben, mit Hilfe der Folie zu einem 2,5 cm dicken Strang rollen, fest in die Folie einwickeln und mehrere Stunden in den Kühlschrank stellen, bis er sehr fest ist.

◊ Backofen auf 180 °C vorheizen. Den Teigstrang mit einem scharfen Messer in etwa 3 mm dicke Scheiben schneiden und diese auf zwei ungefettete Backbleche geben, dazwischen 2,5 cm Platz lassen. Die Kekse 5 Minuten backen, bis sie leicht gebräunt sind. Plätzchen vollständig abkühlen lassen. Mandelkekse in luftdicht verschlossenen Dosen aufbewahren und (nach Wunsch) vor dem Servieren mit Puderzucker bestäuben.

TIP

Sie können statt der Mandeln auch fein, aber nicht zu lange gemahlenene Pekan- oder Walnüsse verwenden.

ZIMTSCHNITTEN

LINKS UND RECHTS

ERGIBT UNGEFÄHR 60 STÜCK

Diese süßen, knusprigen Plätzchen schmecken hervorragend zu Eiscreme.

ZUTATEN

- ◊ 280 g Weizenmehl
- ◊ 1/2 TL Salz
- ◊ 1 EL Zimt
- ◊ 225 g weiche Butter
- ◊ 130 g brauner Zucker
- ◊ 2 Eier, leicht geschlagen
- ◊ 1 TL Vanillearoma
- ◊ 105 g Zucker zum Bestreuen
- ◊ 1 TL Zimt
- ◊ 1 Eigelb, mit 2 EL Wasser verrührt, als Glasur

◊ Mehl, Salz und 1 Eßlöffel Zimt in eine Schüssel geben. Mit dem elektrischen Handrührgerät die Butter in einer großen Schüssel 30 Sekunden schaumig schlagen, braunen Zucker hinzufügen und weitere 1–2 Minuten schlagen, bis die Mischung locker und luftig ist. Vanillearoma und Eier nach und nach hinzugeben und die Mehlmischung bei niedrigster Stufe sorgfältig unterrühren.

◊ Den Teig halbieren und auf etwas Klarsichtfolie oder Butterbrotpapier geben, mit Hilfe der Folie zu zwei 5 cm dicken Strängen rollen und an den Seiten etwas abflachen, so daß ein Rechteck entsteht. Teig fest in die Folie einwickeln und mehrere Stunden in den Kühlschrank stellen, bis er sehr fest ist. (Der Teig kann maximal 5 Tage im Kühlschrank aufbewahrt oder tiefgefroren werden.)

◊ Backofen auf 190 °C vorheizen. Zwei große Backbleche leicht einfetten. Zucker und restlichen Zimt in eine Schüssel geben. Den Teigstrang mit einem scharfen Messer in etwa 5 mm dicke Scheiben schneiden, diese auf die vorbereiteten Backbleche geben, dazwischen 2,5 cm Platz lassen. Die Schnitten mit etwas Eigelb bestreichen und mit Hilfe eines scharfen Messers mit einem Rautenmuster verzieren, anschließend mit einer Zucker-Zimt-Mischung bestreuen. Die Zimtschnitten 10 Minuten backen, bis sie goldbraun sind. Backbleche auf einem Kuchengitter etwas abkühlen lassen und die Plätzchen mit einem Metallspatel vorsichtig auf ein Kuchengitter transportieren und vollständig abkühlen lassen. Den restlichen Teig und die Zuckermischung auf die gleiche Weise verarbeiten. Schnitten in luftdicht verschlossenen Dosen aufbewahren.

Schokoladen-Nuss-Taler

OHNE ABBILDUNG

ERGIBT UNGEFÄHR 60 STÜCK

Diese knusprigen Plätzchen zeichnen sich durch ein wundervolles Nuß-Schokoladenaroma aus.

ZUTATEN

- ◊ 30 g Zartbitter-Schokolade, gehackt
- ◊ 30 g Bitter-Kuvertüre, gehackt
- ◊ 225 g Weizenmehl
- ◊ 1/2 TL Salz
- ◊ 225 g weiche Butter
- ◊ 220 g Zucker
- ◊ 2 Eier, leicht geschlagen
- ◊ 1 TL Vanillearoma
- ◊ 115 g Pekan-, Wal- oder Haselnüsse, feingehackt

◊ Schokolade und Kuvertüre unter ständigem Rühren im Wasserbad schmelzen, vom Herd nehmen und abkühlen lassen. Mehl und Salz in eine Schüssel geben.

◊ Mit dem elektrischen Handrührgerät die Butter in einer großen Schüssel 30 Sekunden schaumig schlagen, Zucker hinzufügen und weitere 1–2 Minuten schlagen, bis die Mischung locker und luftig ist. Vanillearoma und Eier hinzufügen, dann die geschmolzene Schokolade dazugeben und bei niedrigster Stufe Mehlmischung und gehackte Nüsse sorgfältig unterrühren.

◊ Den Teig halbieren und auf etwas Klarsichtfolie oder Butterbrotpapier geben, mit Hilfe der Folie zu zwei 5 cm dicken Strängen rollen, fest in die Folie einwickeln und mehrere Stunden oder über Nacht in den Kühlschrank stellen, bis er sehr fest ist. (Der Teig kann maximal 5 Tage im Kühlschrank aufbewahrt oder tiefgefroren werden.)

◊ Backofen auf 190 °C vorheizen. Zwei große Backbleche leicht einfetten. Den Teigstrang mit einem scharfen Messer in etwa 5 mm dicke Scheiben schneiden, diese auf die vorbereiteten Backbleche geben, dazwischen 2,5 cm Platz lassen. Die Taler 10 Minuten backen, bis sie goldbraun sind. Backbleche auf einem Kuchengitter etwas abkühlen lassen, die Plätzchen vorsichtig auf ein Kuchengitter legen und vollständig abkühlen lassen.

Kokoskekse

RECHTS UND UNTEN

ERGIBT UNGEFÄHR 60 STÜCK

Diese Kekse besitzen ein besonders zartes Aroma, das durch ein paar Rosinen noch abgerundet werden kann.

ZUTATEN

- ◊ 225 g Weizenmehl
- ◊ 1/2 TL Salz
- ◊ 225 g weiche Butter
- ◊ 225 g Zucker
- ◊ 2 Eier, leicht geschlagen
- ◊ 1/2 TL Vanillearoma
- ◊ 1/2 TL Mandelaroma
- ◊ 50 g Kokosraspel
- ◊ Kokosraspel, geröstet, zum Dekorieren

◊ Mehl und Salz in eine Schüssel geben. Mit dem elektrischen Handrührgerät die Butter in einer großen Schüssel 30 Sekunden schaumig schlagen, Zucker hinzufügen und weitere 1–2 Minuten schlagen, bis die Mischung locker und luftig ist. Eier, Vanille- und Mandelaroma hinzufügen und bei niedrigster Stufe Mehlmischung und Kokosraspel sorgfältig unterrühren.

◊ Den Teig halbieren und auf etwas Klarsichtfolie oder Butterbrotpapier geben, mit Hilfe der Folie zu zwei 5 cm dicken Strängen rollen, fest in die Folie einwickeln und mehrere Stunden in den Kühlschrank stellen. (Der Teig kann bis zu 5 Tagen im Kühlschrank aufbewahrt werden.)

◊ Backofen auf 190 °C vorheizen. Zwei große Backbleche leicht einfetten. Den Teigstrang mit einem scharfen Messer in etwa 5 mm dicke Scheiben schneiden, auf die vorbereiteten Backbleche geben, dazwischen 2,5 cm Platz lassen, und mit gerösteten Kokosraspeln bestreuen. Die Kekse 10 Minuten backen, bis sie goldbraun sind, und vorsichtig auf ein Kuchengitter legen und vollständig abkühlen lassen. Den restlichen Teig auf die gleiche Weise verarbeiten. Kokoskekse in luftdicht verschlossenen Dosen aufbewahren.

KAPITEL

4

PLÄTZCHEN aus Ausstech-förmchen

Der Teig wird flach ausgerollt und mit Plätzchenförmchen ausgestochen, die in zahlreichen Größen und Formen im Handel erhältlich sind.

Herrnhuter Gewürz-plätzchen

OBEN

ERGIBT UNGEFÄHR 36 STÜCK

Die Herrnhuter sind eine deutsche Religionsgemeinschaft, die in Amerika unter dem Namen Pennsylvania Dutch bekannt wurde.

ZUTATEN

- ◊ 50 g Butter
- ◊ 45 g brauner Zucker
- ◊ 2 EL Melasse
- ◊ 155 g Weizenmehl
- ◊ geriebene Schale von 1 Zitrone
- ◊ 1 TL Ingwerpulver
- ◊ 1 TL Zimt
- ◊ $^1/_2$ TL Natron
- ◊ $^1/_4$ TL Gewürznelken
- ◊ Zucker zum Bestreuen

◊ Butter, braunen Zucker und Melasse unter ständigem Rühren bei schwacher Hitze zerlassen, vom Herd nehmen und Mehl, Zitronenschale, Ingwer, Zimt, Natron und Gewürznelken unterrühren. Den Teig auf etwas Klarsichtfolie oder Butterbrotpapier geben, mit Hilfe der Folie zu einer runden Scheibe abflachen, fest in Klarsichtfolie hüllen und mehrere Stunden in den Kühlschrank stellen.

◊ Backofen auf 180 °C vorheizen. Zwei große Backbleche etwas einfetten. Eine Hälfte des Teigs auf einer leicht bemehlten Arbeitsfläche mit einem bemehlten Nudelholz zu einem 25 × 25 cm großen Rechteck ausrollen, mit einem scharfen Messer oder einem Teigrädchen in 4 cm große Quadrate schneiden und diese auf die vorbereiteten Backbleche geben, dazwischen 2,5 cm Platz lassen.

◊ Die Plätzchen mit einer Gabel leicht einstechen, damit sie nicht zu sehr aufgehen, mit etwas Zucker bestreuen und 7 Minuten backen, bis sie gerade fest sind. Anschließend vollständig abkühlen lassen. Den restlichen Teig auf die gleiche Weise verarbeiten. Plätzchen in luftdicht verschlossenen Dosen aufbewahren.

Wiener Taschen

RECHTS

ERGIBT UNGEFÄHR 42 STÜCK

ZUTATEN

- ◊ 220 g Weizenmehl
- ◊ 225 g weiche Butter, in Stücke geschnitten
- ◊ 105 g Zucker
- ◊ geriebene Schale von 1 Zitrone
- ◊ 2 hartgekochte Eigelb
- ◊ 2 TL Vanillearoma
- ◊ 1 EL Rum oder Weinbrand
- ◊ 115 g Brombeermarmelade oder Pflaumenmus
- ◊ 1 Ei, Eiweiß und Eigelb getrennt
- ◊ Zucker zum Bestreuen

GLASUR

- ◊ 400 g Puderzucker
- ◊ 1–2 EL Zitronensaft oder Rum

◊ Mehl in eine große Schüssel geben, Butter hinzufügen und mit Zucker und Zitronenschale bestreuen. Hartgekochtes Eigelb durch ein Sieb in die Schüssel streichen, Vanillearoma und Weinbrand dazugeben und zu einem Teig verarbeiten. Den Teig kneten, bis er glatt ist, in Klarsichtfolie wickeln und 30 Minuten in den Kühlschrank stellen.

◊ Backofen auf 180 °C vorheizen. Zwei große Backbleche etwas einfetten. Eine Hälfte des Teigs auf einer leicht bemehlten Arbeitsfläche mit einem bemehlten Nudelholz zu einem etwa 3 mm dicken Rechteck ausrollen, in 7,5 cm große Quadrate schneiden und in die Mitte je einen Teelöffel Marmelade geben. Dann die Ecken der Teigquadrate zur Mitte hin umklappen, so daß sie einander leicht überlappen, und auf die Backbleche geben.

◊ Mit dem Handrührgerät Eiweiß in einer kleinen Schüssel schaumig schlagen; die Plätzchen damit bestreichen und zusätzlich mit etwas Zucker bestreuen. Die Wiener Taschen 20–25 Minuten backen, bis sie goldbraun sind. Nach der Hälfte der Backzeit die Backbleche tauschen und drehen. Die Taschen vollständig abkühlen lassen. Puderzucker in eine Schüssel geben, das restliche Eiweiß hinzufügen und mit einem Schneebesen zu einer glatten Paste verrühren. Etwas Zitronensaft oder Rum unterrühren, bis die Glasur so dünn ist, daß sie in eine Spritztüte (S. 14) gefüllt und auf die Taschen aufgetragen werden kann.

CHANUKKA-ZUCKER-PLÄTZCHEN

OHNE ABBILDUNG

ERGIBT UNGEFÄHR 42 STÜCK

Diese Plätzchen werden mit Vorliebe zum jüdischen Chanukkafest gebacken, das im Dezember gefeiert und auch Lichterfest genannt wird.

ZUTATEN

- 280 g Weizenmehl
- 1/2 TL Backpulver
- 1/2 TL Salz
- 185 g weiche Butter oder 115 g Butter und 50 g Pflanzenschmalz
- 155 g Zucker
- 1 Ei, leicht geschlagen
- geriebene Schale von 1 Zitrone
- 1 EL Zitronensaft, frischgepreßt
- 1 TL Vanillearoma
- 1/2 TL Zitronenaroma

GLASUR

- 540 g Puderzucker
- 2–3 EL Milch
- 1 EL Zitronensaft
- blaue Lebensmittelfarbe

◊ Mehl, Backpulver und Salz in eine große Schüssel geben. Mit dem Handrührgerät Butter bzw. Butter und Pflanzenschmalz in einer Schüssel 30–60 Sekunden schaumig schlagen, Zucker hinzufügen und weitere 1–2 Minuten schlagen, bis die Mischung locker und luftig ist. Vanillearoma, Ei sowie Zitronenschale, Zitronensaft und Zitronenaroma hinzufügen und bei niedrigster Stufe die Mehlmischung unterrühren, bis ein weicher Teig entsteht.

◊ Den Teig auf etwas Klarsichtfolie oder Butterbrotpapier geben, mit Hilfe der Folie zu einer runden Scheibe abflachen, fest in Klarsichtfolie hüllen und mehrere Stunden oder über Nacht in den Kühlschrank stellen.

◊ Backofen auf 180 °C vorheizen. Zwei große Backbleche leicht einfetten. Eine Hälfte des Teigs auf einer leicht bemehlten Arbeitsfläche mit einem bemehlten Nudelholz zu einem etwa 5 mm dicken Rechteck ausrollen (die andere Teighälfte im Kühlschrank lassen), mit einer Schablone oder bemehlten Ausstechformen möglichst viele Plätzchen ausstechen und auf die vorbereiteten Backbleche geben, dazwischen 2,5 cm Platz lassen. Die Zuckerplätzchen 10–12 Minuten backen, bis sie goldbraun sind. Backbleche auf einem Kuchengitter etwas abkühlen lassen, die Plätzchen mit Hilfe eines Metallspatels vorsichtig auf ein Kuchengitter legen und vollständig abkühlen lassen. Den restlichen Teig auf die gleiche Weise verarbeiten.

◊ Puderzucker in eine Schüssel geben, 2 Eßlöffel Milch und Zitronensaft hinzufügen (eventuell weitere Milch dazugeben, falls die Glasur zu dickflüssig ist). Die Hälfte der Glasur in eine kleine Schüssel füllen und mit ein paar Tropfen Lebensmittelfarbe blau färben.

◊ Die Glasur in zwei Spritztüten (S. 14) füllen und die Zuckerplätzchen mit einem dekorativen Muster verzieren. Etwa 2 Stunden abkühlen lassen und die Plätzchen in luftdicht verschlossenen Dosen mit einem Stück Butterbrotpapier zwischen den einzelnen Lagen aufbewahren.

> **TIP**
>
> Wenn Sie knusprigere Plätzchen haben möchten, können Sie den Teig einfach dünner (3 mm) ausrollen. Der dickere Teig ergibt etwas mürbere Plätzchen.

PREISELBEER-STERNE

OBEN UND LINKS

ERGIBT UNGEFÄHR 20 STÜCK

Diese großen gefüllten Plätzchen können auch als Nachtisch gereicht werden.

ZUTATEN

- ◊ 280 g Weizenmehl
- ◊ 1 1/2 TL Backpulver
- ◊ 1/2 TL Zimt
- ◊ 1/4 TL Salz
- ◊ 185 g weiche Butter
- ◊ 115 g Zucker
- ◊ 45 g brauner Zucker
- ◊ 1 Ei, leicht geschlagen
- ◊ 2 TL Vanillearoma
- ◊ geriebene Schale von 1 Zitrone

FÜLLUNG

- ◊ 115 g frische oder tiefgefrorene (aufgetaute) Preiselbeeren
- ◊ 3 EL Zucker
- ◊ 90 g Himbeermarmelade
- ◊ 1 EL Zitronensaft
- ◊ Puderzucker zum Bestäuben

◊ Mehl, Backpulver, Zimt und Salz in eine Schüssel geben und beiseite stellen. Mit dem Handrührgerät die Butter in einer großen Schüssel 30 Sekunden schaumig schlagen, Zucker hinzufügen und weitere 1–2 Minuten schlagen, bis die Mischung locker und luftig ist. Vanillearoma, Ei und Zitronenschale hinzufügen und bei niedrigster Stufe die Mehlmischung unterrühren, bis ein weicher Teig entsteht.

◊ Den Teig auf etwas Klarsichtfolie oder Butterbrotpapier geben, mit Hilfe der Folie zu einer Scheibe abflachen, fest in Klarsichtfolie hüllen und 1–2 Stunden in den Kühlschrank stellen.

◊ Zwei große beschichtete Backbleche etwas einfetten. Ein Drittel des Teigs auf einer leicht bemehlten Arbeitsfläche mit einem bemehlten Nudelholz zu einem etwa 3 mm dicken Rechteck ausrollen (die andere Teighälfte im Kühlschrank lassen) und mit einer 9 cm großen Sternform eine gerade Anzahl von Plätzchen ausstechen. Bei der Hälfte der Plätzchen mit einer 2,5 cm großen Sternform die Mitte ausstechen, alle Sterne auf die vorbereiteten Backbleche geben, dazwischen 1,25 cm Platz lassen und 15 Minuten in den Kühlschrank stellen. Backofen auf 180 °C vorheizen.

◊ Die Sterne 8–10 Minuten backen, bis sie an den Rändern goldbraun sind. Die Plätzchen vollständig abkühlen lassen. Preiselbeeren, Zucker, Marmelade und Zitronensaft in einer Küchenmaschine sehr fein mahlen, in einen Topf füllen und bei mittlerer Hitze 8–10 Minuten unter ständigem Rühren auf 230 ml eindicken lassen. Anschließend abkühlen lassen und dabei gelegentlich umrühren.

◊ Etwa 1 Teelöffel Preiselbeermischung auf jeden ganzen Stern geben (dabei einen 1,25 cm großen Rand lassen). Die ausgestochenen Sterne auf ein Kuchengitter legen, großzügig mit Puderzucker bestäuben, mit Hilfe eines Metallspatels vorsichtig auf die ganzen Sterne legen und leicht aufeinanderdrücken. Die Preiselbeersterne bei Zimmertemperatur 1 Stunde ruhen lassen.

TIP

Wenn Sie die Sterne vor dem Servieren erneut mit Puderzucker bestäuben möchten, sollten Sie zuvor die Füllung in der Mitte mit kleinen Stückchen Butterbrotpapier abdecken.

Sherry-Plätzchen

LINKS UND OBEN

ERGIBT UNGEFÄHR 36 STÜCK

Diese englischen Plätzchen werden mit Sherry und Korinthen aromatisiert und in Zucker gewälzt.

ZUTATEN

- ◊ 225 g weiche Butter
- ◊ 220 g Zucker
- ◊ 1 Ei, leicht geschlagen
- ◊ 50 ml Crème fraîche
- ◊ 1 EL trockener Sherry
- ◊ 1 TL Kümmelkörner, leicht zerdrückt (nach Wunsch)
- ◊ 50 g Korinthen
- ◊ 115 g Weizenmehl, gesiebt
- ◊ Zucker zum Bestreuen

◊ Mit dem Handrührgerät Butter und Zucker in einer großen Schüssel 1–2 Minuten schaumig schlagen, bis die Mischung locker und luftig ist. Ei, Crème fraîche, Sherry, Kümmelkörner und Korinthen hinzufügen und bei niedrigster Stufe das Mehl unterrühren, bis ein weicher Teig entsteht. Den Teig auf etwas Klarsichtfolie oder Butterbrotpapier geben, mit Hilfe der Folie zu einer runden Scheibe abflachen, fest in Klarsichtfolie hüllen und 1 Stunde in den Kühlschrank stellen.

◊ Backofen auf 180 °C vorheizen. Zwei große Backbleche etwas einfetten. Den Teig auf einer leicht bemehlten Arbeitsfläche mit einem bemehlten Nudelholz zu einem etwa 5 mm dicken Rechteck ausrollen, mit einer bemehlten, 6,5 cm großen, gewellten Ausstechform möglichst viele Plätzchen ausstechen und auf die vorbereiteten Backbleche geben, dazwischen 2,5 cm Platz lassen. (Die Teigreste erneut ausrollen und ausstechen.)

◊ Die Plätzchen mit etwas Wasser bestreichen, mit ein wenig Zucker bestreuen und 15–20 Minuten backen, bis sie goldbraun und knusprig sind. Backbleche auf einem Kuchengitter etwas abkühlen lassen, die Plätzchen mit Hilfe eines Metallspatels vorsichtig auf ein Kuchengitter legen und vollständig abkühlen lassen.

Anisherzen

OHNE ABBILDUNG

ERGIBT UNGEFÄHR 24 STÜCK

Für diese Anisplätzchen können Sie natürlich auch andere Ausstechformen verwenden.

ZUTATEN

- ◊ 375 g Weizenmehl
- ◊ 3/4 TL Backpulver
- ◊ 1/4 TL Salz
- ◊ 1 1/2 TL Anissamen, feingehackt
- ◊ 315 g weiche Butter
- ◊ 225 g Zucker
- ◊ 1 Ei
- ◊ 2 EL Schlagsahne
- ◊ 1 TL Vanillearoma
- ◊ Puderzucker zum Bestäuben

◊ Mehl, Backpulver und Salz in eine Schüssel geben, feingehackten Anissamen hinzufügen und beiseite stellen. Mit dem elektrischen Handrührgerät die Butter in einer großen Schüssel 30 Sekunden schaumig schlagen, Zucker hinzufügen und weitere 1–2 Minuten schlagen, bis die Mischung locker und luftig ist. Vanillearoma, Ei und Schlagsahne hinzufügen und bei niedrigster Stufe die Mehlmischung unterrühren, bis ein weicher Teig entsteht. Den Teig auf etwas Klarsichtfolie geben, mit Hilfe der Folie zu einer runden Scheibe abflachen, fest in Klarsichtfolie hüllen und 30 Minuten in den Kühlschrank stellen.

◊ Backofen auf 180 °C vorheizen. Zwei große Backbleche einfetten. Eine Hälfte des Teigs auf einer leicht bemehlten Arbeitsfläche mit einem bemehlten Nudelholz zu einem etwa 5 mm dicken Rechteck ausrollen, mit bemehlten, 9–10 cm großen Herzformen möglichst viele Plätzchen ausstechen und auf die vorbereiteten Backbleche geben, dazwischen 2,5 cm Platz lassen.

◊ Die Plätzchen 8 Minuten backen, bis sie an den Rändern goldbraun sind, sie dann vorsichtig auf ein Kuchengitter legen und vollständig abkühlen lassen; anschließend mit Puderzucker bestäuben.

> **TIP**
>
> Zwei aufeinandergelegte Anisherzen mit einer Schicht Schlagsahne (mit Anislikör aromatisiert) und einigen Himbeeren oder Blaubeeren sowie etwas Puderzucker ergeben ein köstliches Dessert.

Schokoladen-Macadamia-Windmühlen

OBEN UND UNTEN

ERGIBT UNGEFÄHR 36 STÜCK

Diese delikaten Plätzchen lassen sich ganz leicht zubereiten.

ZUTATEN

- ◊ 315 g Weizenmehl
- ◊ 2 EL Kakao
- ◊ 2 1/2 TL Backpulver
- ◊ 1/2 TL Salz
- ◊ 115 g weiche Butter
- ◊ 105 g Zucker
- ◊ 1 Ei, leicht geschlagen
- ◊ 2 EL heller Sirup
- ◊ 90 g Macadamianüsse, feingehackt
- ◊ 90 g Zartbitter-Schokolade, im Wasserbad geschmolzen

◊ Mehl, Kakao, Backpulver und Salz in eine Schüssel geben. Mit dem Handrührgerät Butter und Zucker in einer großen Schüssel 1–2 Minuten schaumig schlagen, bis die Mischung locker und luftig ist. Sirup und Ei hinzufügen und bei niedrigster Stufe die Mehlmischung unterrühren. Den Teig auf einer bemehlten Arbeitsfläche leicht durchkneten, bis er glatt ist; anschließend fest in Klarsichtfolie hüllen und 30 Minuten in den Kühlschrank stellen.

◊ Backofen auf 180 °C vorheizen. Zwei große Backbleche leicht einfetten. Eine Hälfte des Teigs auf einer bemehlten Arbeitsfläche mit einem bemehlten Nudelholz zu einem etwa 3 mm dicken Rechteck ausrollen und mit bemehlten, 9 cm großen, runden oder quadratischen Ausstechformen möglichst viele Plätzchen ausstechen. Die (runden) Plätzchen auf die Backbleche legen und vom Rand aus viermal diagonal bis fast zur Mitte einschneiden, so daß vier Viertel entstehen (quadratische Plätzchen von den Ecken bis zur Mitte einschneiden). Die jeweils linke Ecke jedes Viertels zur Mitte hin umklappen und festdrücken. Die Mitte der so entstandenen Windmühlen mit Nüssen bestreuen.

◊ Die Windmühlen 10 Minuten backen, bis sie fest sind, und sie dann vollständig abkühlen lassen. Den restlichen Teig auf die gleiche Weise verarbeiten. Anschließend die geschmolzene Schokolade in eine Spritztüte (S. 14) füllen und die Plätzchen mit einem dekorativen Muster verzieren. Die Schokolade abkühlen lassen und die Windmühlen in luftdicht verschlossenen Dosen mit einem Stück Butterbrotpapier zwischen den einzelnen Lagen aufbewahren.

> **TIP**
>
> Falls Sie keine entsprechenden Ausstechformen besitzen, können Sie den Teig auch mit einem scharfen Messer oder einem Teigrädchen in 9 cm große Quadrate schneiden.

WEIHNACHTS-PLÄTZCHEN

LINKS, RECHTS UND GEGENÜBERLIEGENDE SEITE

ERGIBT UNGEFÄHR 36 STÜCK – JE NACH GRÖSSE DER AUSSTECHFORMEN

Für diese Plätzchen eignen sich Ausstechformen wie Bäume, Engel, Rentiere, Glocken oder Sterne.

ZUTATEN

- ◊ 225 g Weizenmehl
- ◊ 2 TL Backpulver
- ◊ 1/2 TL Salz
- ◊ 115 g weiche Butter
- ◊ 220 g Zucker
- ◊ 1 großes Ei
- ◊ Schale von 1 Zitrone
- ◊ 1 EL Zitronensaft
- ◊ 1 EL Vanillearoma
- ◊ 1/2 TL Zitronenaroma

GLASUR

- ◊ 540 g Puderzucker
- ◊ 2–3 EL Milch
- ◊ 1 EL Zitronensaft
- ◊ rote und grüne Lebensmittelfarbe

◊ Mehl, Backpulver und Salz in eine Schüssel geben. Mit dem Handrührgerät die Butter in einer großen Schüssel 30 Sekunden schaumig schlagen, Zucker hinzufügen und weitere 1–2 Minuten schlagen, bis die Mischung locker und luftig ist. Vanillearoma, Ei sowie Zitronenschale, Zitronensaft und Zitronenaroma hinzufügen und bei niedrigster Stufe die Mehlmischung unterrühren, bis ein weicher Teig entsteht. Den Teig zu einer Kugel formen, in drei Teile teilen und jeweils zu einer runden Scheibe abflachen; dann fest in Klarsichtfolie hüllen und mehrere Stunden in den Kühlschrank stellen.

◊ Backofen auf 180 °C vorheizen. Ein Drittel des Teigs auf einer leicht bemehlten Arbeitsfläche mit einem bemehlten Nudelholz zu einem etwa 3 mm dicken Rechteck ausrollen (die beiden anderen Teigscheiben im Kühlschrank lassen), mit bemehlten Ausstechformen möglichst viele Plätzchen ausstechen und auf zwei ungefettete Backbleche geben, dazwischen 2,5 cm Platz lassen.

◊ Die Plätzchen 8–10 Minuten backen, bis sie an den Rändern leicht gebräunt sind. Backbleche auf einem Kuchengitter etwas abkühlen lassen, die Plätzchen mit Hilfe eines Metallspatels vorsichtig auf ein Kuchengitter legen und vollständig abkühlen lassen. Den restlichen Teig auf die gleiche Weise verarbeiten. Puderzucker in eine Schüssel geben, 2 Eßlöffel Milch und Zitronensaft hinzufügen (eventuell weitere Milch dazugeben, falls die Glasur zu dickflüssig ist). Zwei Drittel der Glasur auf zwei kleine Schüsseln verteilen und mit ein paar Tropfen Lebensmittelfarbe rot bzw. grün färben.

◊ Die Glasur in drei Spritztüten (S. 14) füllen und die Weihnachtsplätzchen mit einem dekorativen Muster verzieren. Etwa 2 Stunden abkühlen lassen und die Plätzchen in luftdicht verschlossenen Dosen aufbewahren.

Türkische Vanilleplätzchen

OHNE ABBILDUNG

ERGIBT UNGEFÄHR 12 STÜCK

Diese exotischen Plätzchen schmecken wirklich hervorragend. Der schwere Mürbeteig läßt sich gut mit Marmelade kombinieren.

ZUTATEN

- ◊ 225 g weiche Butter
- ◊ 220 g Zucker, gesiebt
- ◊ 2 TL Vanillearoma
- ◊ 315 g Weizenmehl, gesiebt
- ◊ 50 g Aprikosenmarmelade oder Pflaumenmus
- ◊ Puderzucker zum Bestäuben

◊ Mit dem Handrührgerät die Butter in einer Schüssel 30–60 Sekunden schaumig schlagen. Puderzucker bei niedrigster Stufe nach und nach hinzufügen und weitere 2 Minuten schlagen, bis die Mischung locker und cremig ist. Vanillearoma und Mehl hinzufügen und den Teig auf einer bemehlten Arbeitsfläche durchkneten, bis er glatt ist.

◊ Backofen auf 180 °C vorheizen. Zwei große beschichtete Backbleche etwas einfetten. Eine Hälfte des Teigs auf einer leicht bemehlten Arbeitsfläche mit einem bemehlten Nudelholz zu einem etwa 5 mm dicken Rechteck ausrollen, mit bemehlten, 5 cm großen Stern- und Halbmondformen eine gerade Anzahl von Plätzchen ausstechen und auf die vorbereiteten Backbleche geben. In die Hälfte der Plätzchen mit einer Spritzbeuteltülle drei Löcher stanzen.

◊ Die Plätzchen 10–12 Minuten backen, bis sie leicht gebräunt sind. Backbleche auf einem Kuchengitter etwas abkühlen lassen, die Plätzchen mit Hilfe eines Metallspatels vorsichtig auf ein Kuchengitter legen und vollständig abkühlen lassen. Den restlichen Teig auf die gleiche Weise verarbeiten.

◊ Marmelade in einer kleinen Schüssel glattrühren und etwas davon in die Mitte der ganzen Plätzchen streichen. Die durchbohrten Plätzchen auf ein Kuchengitter legen, großzügig mit Puderzucker bestäuben und auf die Marmeladenplätzchen legen. Die Hälften leicht zusammendrücken, bis die Marmelade die Löcher auffüllt. Vanilleplätzchen 1 Stunde bei Zimmertemperatur ruhen lassen und in luftdicht verschlossenen Dosen aufbewahren.

Griechische Osterkekse

OHNE ABBILDUNG

ERGIBT UNGEFÄHR 30 STÜCK

Diese knusprigen Zuckerplätzchen werden in Griechenland traditionell zu Ostern gereicht.

ZUTATEN

- ◊ 200 g Weizenmehl
- ◊ 1/4 TL Salz
- ◊ 1/2 TL Zimt
- ◊ 1/2 TL Gewürzmischung (Zimt, Koriander, Nelken, Piment, Muskat und Ingwer)
- ◊ 50 g Korinthen
- ◊ 2 EL Zitronat oder Orangeat
- ◊ 115 g weiche Butter
- ◊ 115 g Zucker
- ◊ 1 Ei, Eiweiß und Eigelb getrennt
- ◊ 1–2 EL Milch
- ◊ Zucker zum Bestreuen

◊ Mehl, Salz, Zimt und Gewürzmischung in eine Schüssel geben, Korinthen sowie Zitronat oder Orangeat hinzufügen und beiseite stellen. Mit dem Handrührgerät Butter und Zucker in einer großen Schüssel 1–2 Minuten schaumig schlagen, bis die Mischung locker und cremig ist. Eigelb hinzufügen und bei niedrigster Stufe die Mehlmischung sorgfältig unterrühren; anschließend die Milch nach und nach dazugeben, bis ein fester Teig entsteht.

◊ Den Teig auf einer bemehlten Arbeitsfläche leicht durchkneten, in Klarsichtfolie wickeln und 15–20 Minuten in den Kühlschrank stellen.

◊ Backofen auf 200 °C vorheizen. Zwei große Backbleche etwas einfetten. Den Teig auf einer leicht bemehlten Arbeitsfläche mit einem bemehlten Nudelholz zu einem etwa 5 mm dicken Rechteck ausrollen, mit einer 6,5 cm großen, gewellten Ausstechform möglichst viele Plätzchen ausstechen und auf die vorbereiteten Backbleche geben, dazwischen 2,5 cm Platz lassen. Die Kekse 8 Minuten backen. Mit dem Handrührgerät Eiweiß schaumig schlagen; die Plätzchen damit bestreichen und mit etwas Zucker bestreuen. Die Osterkekse weitere 3–5 Minuten backen, bis sie goldbraun sind, und sie vollständig abkühlen lassen.

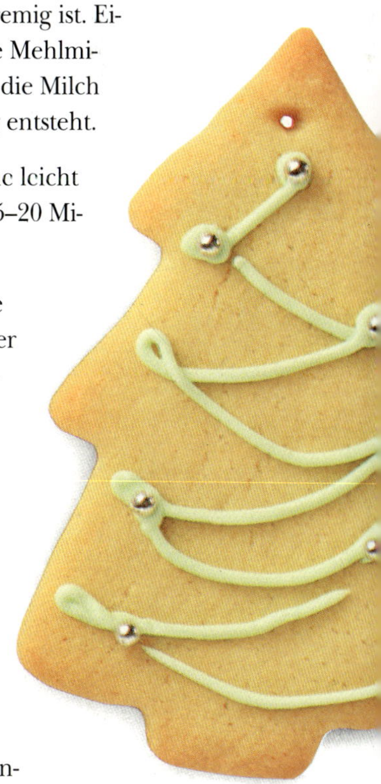

Schokoladen-Orangen-Herzen

LINKS UND RECHTS

ERGIBT UNGEFÄHR 30 STÜCK

Diese ansprechenden Plätzchen lassen sich auch mit anderen Förmchen zubereiten. Sie benötigen dazu drei gleichförmige Ausstechformen in unterschiedlichen Größen (ungefähr 8 cm, 6 cm und 2,5 cm).

ZUTATEN

- ◊ 50 g Zartbitter-Schokolade, gehackt
- ◊ 280 g Weizenmehl
- ◊ 1 1/2 TL Backpulver
- ◊ 1/4 TL Salz
- ◊ 185 g weiche Butter
- ◊ 185 g Zucker
- ◊ 1 Ei
- ◊ 1 TL Vanillearoma
- ◊ Schale von 1 Orange
- ◊ 1 EL Orangensaft
- ◊ Zucker zum Bestreuen

◊ Schokolade unter ständigem Rühren im Wasserbad schmelzen, vom Herd nehmen und etwas abkühlen lassen. Mehl, Backpulver und Salz in eine Schüssel geben. Mit dem Handrührgerät Butter und Zucker in einer großen Schüssel 1–2 Minuten schaumig schlagen, bis die Mischung locker und cremig ist. Vanillearoma, Ei sowie Orangenschale und Orangensaft hinzufügen und bei niedrigster Stufe die Mehlmischung sorgfältig unterrühren, bis ein weicher Teig entsteht. Den Teig halbieren, eine Hälfte fest in Klarsichtfolie wickeln und 2 Stunden in den Kühlschrank stellen. Die geschmolzene, abgekühlte Schokolade unter den restlichen Teig in der Schüssel rühren, dann ebenfalls fest in Klarsichtfolie wickeln und 2 Stunden in den Kühlschrank stellen.

◊ Zwei große Backbleche etwas einfetten und mit Mehl bestäuben. Den hellen Orangenteig auf einer leicht bemehlten Arbeitsfläche mit einem bemehlten Nudelholz zu einem etwa 3 mm dicken Rechteck ausrollen, mit einer bemehlten, 8 cm großen Herzform möglichst viele Plätzchen ausstechen und auf ein vorbereitetes Backblech geben, dazwischen 1,25 cm Platz lassen. Backblech in den Kühlschrank stellen. Auf die gleiche Weise den Schokoladenteig verarbeiten und alle Plätzchen 20 Minuten in den Kühlschrank stellen, bis sie fest sind.

◊ Backofen auf 180 °C vorheizen. Mit einem 6 cm großen, bemehlten Förmchen ein Herz aus der Mitte der 8 cm großen Plätzchen stechen und die kleineren Orangenherzen in die größeren Schokoladenherzen einsetzen (und umgekehrt), dann mit dem 2,5 cm großen, bemehlten Förmchen ein Herz aus der Mitte aller Plätzchen stechen und die kleinen Orangenherzen in die mittleren Schokoladenherzen einsetzen (und umgekehrt). Die Plätzchen mit etwas Zucker bestreuen und 10 Minuten backen, bis sie goldbraun sind; sie dann vollständig abkühlen lassen.

TIP

Der Teig läßt sich gekühlt erheblich besser verarbeiten. Falls er zu weich wird, stellen Sie ihn einfach ein paar Minuten in den Kühlschrank.

Mandelplätzchen mit Marmeladenfüllung

OBEN

ERGIBT UNGEFÄHR 24 STÜCK

ZUTATEN

- ◊ 155 g Mandeln, abgezogen
- ◊ 185 g Weizenmehl
- ◊ 185 g weiche Butter
- ◊ 105 g Zucker
- ◊ 1 Ei, Eiweiß und Eigelb getrennt
- ◊ 1 TL Vanillearoma
- ◊ geriebene Schale von 1 Zitrone
- ◊ 1/2 TL Salz
- ◊ 50 g Mandelblättchen, gehackt
- ◊ 115 g Erdbeermarmelade
- ◊ 1 EL Zitronensaft

◊ Mandeln und 30 g Mehl in einer Küchenmaschine sehr fein mahlen. Mit dem Handrührgerät die Butter in einer Schüssel 30 Sekunden schaumig schlagen, Zucker hinzufügen und weiter schlagen, bis die Mischung locker und luftig ist. Vanillearoma, Eigelb und Zitronenschale hinzufügen und bei niedrigster Stufe die Mandelmischung, das restliche Mehl und das Salz unterrühren. Den Teig auf etwas Butterbrotpapier geben, zu einer runden Scheibe abflachen und 2 Stunden in den Kühlschrank stellen.

◊ Backofen auf 180 °C vorheizen. Zwei große Backbleche mit Backpapier auslegen. Eine Hälfte des Teigs auf einer leicht bemehlten Arbeitsfläche mit einem bemehlten Nudelholz zu einem 30 × 30 cm großen Rechteck ausrollen, mit einem scharfen Messer in 6 senkrechte und 6 waagerechte Streifen schneiden, so daß 36 je 5 cm große Quadrate entstehen. Die Hälfte der Teigquadrate mit einem bemehlten runden Ausstechförmchen in der Mitte ausstechen. Die Plätzchen auf die vorbereiteten Backbleche geben, dazwischen 1,25 cm Platz lassen. Eiweiß in einer Schüssel schaumig schlagen; die ausgestochenen Plätzchen damit bestreichen und mit ein paar Mandelblättchen bestreuen. Die Plätzchen 8–10 Minuten backen und dann vollständig abkühlen lassen. Erdbeermarmelade und Zitronensaft in einem Topf bei schwacher Hitze zerlassen, die Plätzchenquadrate mit der Mischung bestreichen, mit einem Plätzchenring belegen und zusammendrücken. Die Plätzchen bei Zimmertemperatur 1 Stunde ruhen lassen.

Ahornsirup-Plätzchen

OHNE ABBILDUNG

ERGIBT UNGEFÄHR 24 STÜCK

Der Ahornsirup verleiht diesen Plätzchen ein ganz besonderes Aroma.

ZUTATEN

- ◊ 225 g Weizenmehl
- ◊ 1 TL Weinstein
- ◊ 1/2 TL Natron
- ◊ 1/2 TL Salz
- ◊ 115 g weiche Butter
- ◊ 45 g brauner Zucker
- ◊ 90 g Ahornsirup
- ◊ 1 Ei, leicht geschlagen

◊ Mehl, Weinstein, Natron und Salz in eine Schüssel geben. Mit dem elektrischen Handrührgerät Butter und Zucker in einer großen Schüssel 1–2 Minuten schaumig schlagen, bis die Mischung locker und cremig ist. Nach und nach Sirup und Ei hinzufügen und bei niedrigster Stufe die Mehlmischung sorgfältig unterrühren, bis ein weicher Teig entsteht. Den Teig zu einer runden Scheibe abflachen, fest in Klarsichtfolie wickeln und 1–2 Stunden in den Kühlschrank stellen.

◊ Backofen auf 180 °C vorheizen. Zwei große Backbleche etwas einfetten. Eine Hälfte des Teigs auf einer leicht bemehlten Arbeitsfläche mit einem bemehlten Nudelholz zu einem etwa 3 mm dicken Rechteck ausrollen und mit einem bemehlten, 9 cm großen Blattförmchen möglichst viele Plätzchen ausstechen; diese mit Hilfe eines scharfen Messers mit Blattadern verzieren und auf die vorbereiteten Backbleche geben, dazwischen 2,5 cm Platz lassen.

◊ Plätzchen 8–10 Minuten backen, bis sie leicht gebräunt sind, und dann vollständig abkühlen lassen. Den restlichen Teig auf die gleiche Weise verarbeiten.

TIP

Falls Sie keinen blattförmigen Ausstecher finden, können Sie auch aus Karton eine Schablone anfertigen und den Teig entlang der Konturen ausschneiden.

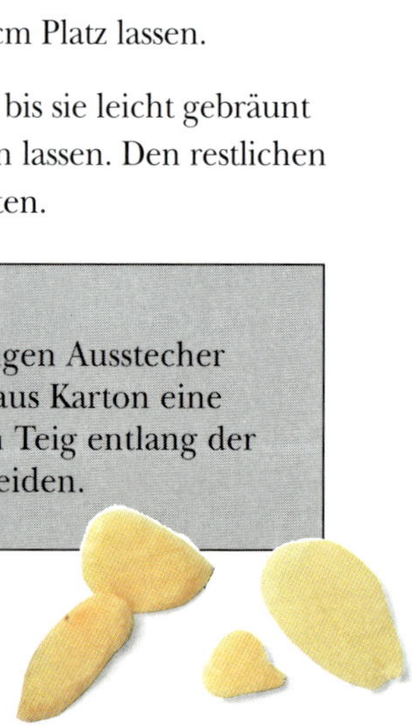

Schokoladenkekse mit Pfefferminz-Füllung

LINKS UND RECHTS

ERGIBT UNGEFÄHR 24 STÜCK

ZUTATEN

- ◊ 115 g Weizenmehl
- ◊ 90 g Kakao
- ◊ 115 g weiche Butter
- ◊ 50 g Zucker
- ◊ 1 Ei
- ◊ 4 Tropfen Pfefferminzöl

PFEFFERMINZ-CREME

- ◊ 120 ml Schlagsahne
- ◊ 220 g weiße Schokolade, gehackt
- ◊ 4 Tropfen Pfefferminzöl

GLASUR

- ◊ 155 g Zartbitter-Schokolade, gehackt
- ◊ 90 g Butter, in Stücke geschnitten

◊ Mehl und Kakao in eine Schüssel geben. Mit dem Handrührgerät Butter und Zucker in einer Schüssel 1–2 Minuten schaumig schlagen. Pfefferminzöl und Ei hinzufügen und bei niedrigster Stufe die Mehlmischung sorgfältig unterrühren, bis ein weicher Teig entsteht. Den Teig auf etwas Klarsichtfolie oder Butterbrotpapier geben, mit Hilfe der Folie zu einer runden Scheibe abflachen, fest in Klarsichtfolie hüllen und 1–2 Stunden oder über Nacht in den Kühlschrank stellen.

◊ Backofen auf 180 °C vorheizen. Zwei große Backbleche etwas einfetten. Eine Hälfte des Teigs auf einer leicht bemehlten Arbeitsfläche mit einem bemehlten Nudelholz zu einem 3 mm dicken Rechteck ausrollen, mit einer bemehlten, 6,5 cm großen Blütenform eine gerade Anzahl von Plätzchen ausstechen und auf die vorbereiteten Backbleche geben.

◊ Plätzchen 6–8 Minuten backen, bis sie an den Rändern fest sind (jedoch nicht zu lange im Ofen lassen, da sie sonst zu trocken werden). Backbleche auf einem Kuchengitter etwas abkühlen lassen, die Plätzchen mit Hilfe eines Metallspatels vorsichtig auf ein Kuchengitter legen und vollständig abkühlen lassen. Den restlichen Teig auf die gleiche Weise verarbeiten.

◊ Schlagsahne in einem Topf bei mittlerer Hitze zum Kochen bringen, vom Herd nehmen und unter ständigem Rühren die weiße Schokolade hinzufügen, bis eine glatte, geschmeidige Creme entsteht. Das Pfefferminzöl unterrühren, die Creme durch ein Sieb streichen und 1 Stunde abkühlen lassen, bis sie dickflüssig, aber noch nicht fest ist.

◊ Anschließend die Creme mit dem elektrischen Handrührgerät 30–45 Sekunden schaumig schlagen, bis die Mischung locker und luftig ist. Etwas Creme auf ein Plätzchen streichen und sofort mit einem zweiten Plätzchen abdecken; dabei die Kekse leicht zusammendrücken. Auf diese Weise alle Schokoladenkekse verarbeiten und 2 Stunden bei Zimmertemperatur ruhen lassen.

◊ Schokolade und Butter unter ständigem Rühren im Wasserbad schmelzen, vom Herd nehmen und die Glasur 20–30 Minuten abkühlen lassen, bis sie so dickflüssig ist, daß sie mit einem Messer auf die gefüllten Plätzchen aufgestrichen werden kann. Die Schokoladenkekse 20–30 Minuten in den Kühlschrank stellen. In luftdicht verschlossenen Dosen mit einem Stück Butterbrotpapier zwischen den einzelnen Lagen im Kühlschrank aufbewahren.

Pfefferkuchen

LINKS UND RECHTS

ERGIBT UNGEFÄHR 24 STÜCK

Dieser würzige Teig kann in jede gewünschte Form geschnitten werden: Jungen, Mädchen, Weihnachtsmänner, Herzen oder Blumen.

ZUTATEN

- ◊ 440 g Weizenmehl
- ◊ 1 TL Salz
- ◊ 1 TL Backpulver
- ◊ 1 1/2 TL Ingwerpulver
- ◊ 1 1/2 TL Zimt
- ◊ 1 1/2 TL Piment
- ◊ 1 TL Gewürznelken
- ◊ 1/2 TL weißer Pfeffer
- ◊ 225 g weiche Butter oder Margarine
- ◊ 155 g brauner Zucker
- ◊ 185 g Melasse
- ◊ 1 Ei

GLASUR

- ◊ 470 g Puderzucker
- ◊ 1/4 TL Weinstein
- ◊ 2 Eiweiß
- ◊ Lebensmittelfarbe
- ◊ 1 EL Zitronensaft oder Rum

◊ Mehl, Salz, Backpulver, Ingwer, Zimt, Piment, Gewürznelken und Pfeffer in eine Schüssel geben und beiseite stellen. Mit dem Handrührgerät Butter oder Margarine und braunen Zucker in einer großen Schüssel 1–2 Minuten schaumig schlagen, bis die Mischung locker und luftig ist. Melasse und Ei hinzufügen und bei niedrigster Stufe die Mehlmischung sorgfältig unterrühren, bis ein weicher Teig entsteht.

◊ Den Teig auf etwas Klarsichtfolie oder Butterbrotpapier geben, mit Hilfe der Folie zu einer runden Scheibe abflachen, fest in Klarsichtfolie hüllen und mehrere Stunden oder über Nacht in den Kühlschrank stellen. (Der Teig kann bis zu 2 Tagen im Kühlschrank aufbewahrt werden.)

◊ Backofen auf 180 °C vorheizen. Zwei große Backbleche etwas einfetten. Eine Hälfte des Teigs auf einer leicht bemehlten Arbeitsfläche mit einem bemehlten Nudelholz zu einem etwa 5 mm dicken Rechteck ausrollen, mit bemehlten, 10 cm großen Lebkuchenformen möglichst viele Plätzchen ausstechen und auf die vorbereiteten Backbleche geben, dazwischen 2,5 cm Platz lassen.

◊ Die Pfefferkuchen 10–12 Minuten backen, bis sie an den Rändern leicht gebräunt sind. Backbleche auf einem Kuchengitter etwas abkühlen lassen, die Pfefferkuchen mit Hilfe eines Metallspatels vorsichtig auf ein Kuchengitter legen und vollständig abkühlen lassen. Den restlichen Teig auf die gleiche Weise verarbeiten.

◊ Puderzucker und Weinstein in eine Schüssel geben. Eiweiß hinzufügen und mit dem elektrischen Handrührgerät schaumig schlagen. Dann die Mischung bei höchster Stufe so lange schlagen, bis der Eischnee schnittfest ist. Glasur (nach Wunsch) in zwei kleine Schüsseln geben und mit einigen Tropfen Lebensmittelfarbe bunt färben. Etwas Zitronensaft oder Rum unterrühren, bis die Glasur so dünn ist, daß sie in eine Spritztüte (S. 14) gefüllt und auf die Pfefferkuchen aufgetragen werden kann. Pfefferkuchen bei Zimmertemperatur 2 Stunden ruhen lassen und in luftdicht verschlossenen Dosen aufbewahren.

TIP

Die Schüsseln mit der Glasur während des Dekorierens der Pfefferkuchen sorgfältig mit Klarsichtfolie abdecken, damit diese nicht antrocknet.

Vanille-Sahne-quark-Taler

OHNE ABBILDUNG

ERGIBT UNGEFÄHR 36 STÜCK

Meine Freundin Marilyn gab mir das Rezept für diese zarten Taler, die lediglich etwas Nußbelag und Zucker benötigen.

ZUTATEN

◊ 115 g weiche Butter
◊ 100 g Sahnequark
◊ 150 g Weizenmehl
◊ 220 g Puderzucker, gesiebt
◊ 1 TL Vanillearoma

BELAG

◊ 1 EL Zucker
◊ 1 TL Zimt
◊ 2 EL Mandeln, feingehackt
◊ 1 Ei

◊ Mit dem elektrischen Handrührgerät Butter, Sahnequark, Mehl, Zucker und Vanillearoma in einer großen Schüssel schaumig schlagen, bis ein weicher Teig entsteht. Den Teig auf etwas Klarsichtfolie oder Butterbrotpapier geben, mit Hilfe der Folie zu einer runden Scheibe abflachen, fest in Klarsichtfolie hüllen und mehrere Stunden in den Kühlschrank stellen.

◊ Zwei große Backbleche mit Backpapier auslegen. Eine Hälfte des Teigs auf einer leicht bemehlten Arbeitsfläche mit einem bemehlten Nudelholz zu einem etwa 3 mm dicken Rechteck ausrollen und mit einer bemehlten, 4–5 cm großen, gewellten Ausstechform möglichst viele Plätzchen ausstechen. (Falls der Teig zu weich wird, ihn für ein paar Minuten in den Kühlschrank stellen, bis er wieder fest ist.) Die Taler auf die vorbereiteten Backbleche geben, dazwischen 2,5 cm Platz lassen. Den restlichen Teig auf die gleiche Weise verarbeiten und alle Plätzchen 15 Minuten in den Kühlschrank stellen.

◊ Backofen auf 180 °C vorheizen. Zucker, Zimt und Mandeln in eine kleine Schüssel geben. Eiweiß und 1 Eßlöffel kaltes Wasser in einer anderen Schüssel schaumig schlagen, die Plätzchen mit etwas Eiweißglasur bestreichen und mit der Zucker-Mandel-Mischung bestreuen. Die Taler 10–12 Minuten backen, bis sie goldbraun sind, dann die Plätzchen vorsichtig auf ein Kuchengitter legen und vollständig abkühlen lassen. Die Taler in luftdicht verschlossenen Dosen mit einem Stück Butterbrotpapier zwischen den einzelnen Lagen aufbewahren.

Schnecken

RECHTS

ERGIBT UNGEFÄHR 48 STÜCK

Ein traditionelles deutsches Rezept und eine einfache, aber unwiderstehliche Köstlichkeit.

ZUTATEN

◊ 225 g weiche Butter
◊ 250 g Sahnequark
◊ 250 g Weizenmehl
◊ 1/2 TL Salz
◊ 40 g Zucker
◊ 1 TL Zimt
◊ 50 g Rosinen
◊ 50 g Pekan-, Wal- oder Haselnüsse, gehackt

GLASUR

◊ 185 g Puderzucker
◊ 1 TL Zitronensaft oder Wasser

◊ Mit dem elektrischen Handrührgerät Butter und Sahnequark in einer großen Schüssel 30–40 Sekunden schaumig schlagen. Bei niedrigster Stufe Mehl und Salz sorgfältig unterrühren. Den Teig auf etwas Klarsichtfolie oder Butterbrotpapier geben, mit Hilfe der Folie zu einer runden Scheibe abflachen, fest in Klarsichtfolie hüllen und mehrere Stunden in den Kühlschrank stellen. Den Teig auf einer leicht bemehlten Arbeitsfläche mit einem bemehlten Nudelholz zu einem etwa 3 mm dicken Rechteck ausrollen, mit Zucker, Zimt, Rosinen und Nüssen bestreuen und von der Schmalseite aus wie eine Biskuitrolle aufrollen. Anschließend fest in Klarsichtfolie wickeln und 1 Stunde in den Kühlschrank stellen.

◊ Backofen auf 180 °C vorheizen. Zwei große Backbleche leicht einfetten. Die Teigrolle mit einem scharfen Messer in 1,25 cm dicke Scheiben schneiden und diese auf die vorbereiteten Backbleche geben, dazwischen 4 cm Platz lassen. Die Schnecken 12–15 Minuten backen, bis sie goldbraun und leicht aufgegangen sind, sie dann auf ein Kuchengitter legen und vollständig abkühlen lassen.

◊ Die Schnecken mit der Schnittfläche auf ein Kuchengitter legen. Puderzucker und Zitronensaft oder Wasser in einer Schüssel verrühren (eventuell noch etwas Wasser dazugeben, falls die Glasur zu dickflüssig ist), die Glasur mit einem Löffel oder einer Spritztüte (S. 14) aufträufeln und etwa 30 Minuten abkühlen lassen.

KAPITEL 5

PLÄTZCHEN aus Spritzbeutel & Gebäckpresse

Der Teig für diese Plätzchen wird durch eine Gebäckpresse oder einen Spritzbeutel gepreßt und erhält dadurch seine letztendliche Form.

Vanillekringel

LINKS UND OBEN

ERGIBT UNGEFÄHR 24 STÜCK

Diese dänische Spezialität erhält ihr besonderes Aroma durch die Vanilleschote. Sie können statt dessen auch Vanillearoma verwenden, allerdings sind die Plätzchen dann nicht ganz so authentisch.

ZUTATEN

- ◊ 220 g Weizenmehl
- ◊ 2 EL Maisstärke (Mondamin)
- ◊ 5 EL Zucker
- ◊ 30 g Mandeln, abgezogen und feingehackt
- ◊ 1/2 Vanilleschote oder 1 TL Vanillearoma
- ◊ 225 g Butter, in kleine Stücke geschnitten
- ◊ 1 Ei, Eiweiß und Eigelb getrennt
- ◊ Zucker zum Bestreuen
- ◊ Puderzucker zum Bestäuben

◊ Backofen auf 200 °C vorheizen. Zwei große Backbleche leicht einfetten. Mehl und Maisstärke in eine Schüssel geben, Zucker und Mandeln hinzufügen. Die Vanilleschote mit einem scharfen Messer aufschlitzen, das Vanillemark herauskratzen und sorgfältig unter die Mehlmischung rühren. (Vanillearoma mit Eigelb vermischen und später dazugeben.)

◊ In der Küchenmaschine oder mit dem elektrischen Handrührgerät Butter und Mehl verarbeiten, bis sich kleine Streusel bilden. Eigelb (und Vanillearoma) in einer kleinen Schüssel verrühren, zur Mehlmischung geben und kneten, bis ein geschmeidiger, aber fester Teig entsteht (falls der Teig zu klebrig ist, noch etwas Mehl dazugeben).

◊ Den Teig in einen großen Spritzbeutel mit einer großen, glatten Tülle füllen und 5 cm große Kringel auf die vorbereiteten Backbleche spritzen, dazwischen 4 cm Platz lassen. Eiweiß in einer kleinen Schüssel schaumig schlagen und jeden Kringel mit Eischnee bestreichen und mit Zucker bestreuen.

◊ Die Vanillekringel 8–10 Minuten backen, bis sie goldbraun und fest sind. Backbleche auf einem Kuchengitter etwas abkühlen lassen und die Plätzchen mit einem Metallspatel vorsichtig auf ein Kuchengitter transportieren und vollständig abkühlen lassen. Die Plätzchen mit Puderzucker bestäuben und in luftdicht verschlossenen Dosen aufbewahren.

Katzenzungen

OHNE ABBILDUNG

ERGIBT UNGEFÄHR 60 STÜCK

Bei diesen knusprigen Plätzchen handelt es sich um einen französischen Klassiker.

ZUTATEN

- ◊ 115 g weiche Butter
- ◊ 105 g Zucker
- ◊ 1/2 TL Vanillearoma
- ◊ 1/4 TL Salz
- ◊ 3 Eiweiß
- ◊ 115 g Weizenmehl, zweimal gesiebt

◊ Backofen auf 200 °C vorheizen. Mindestens vier Backbleche leicht einfetten und mit Mehl bestäuben. Sie können die Plätzchen notfalls auch nacheinander backen, wenn Sie weniger Bleche zur Verfügung haben.

◊ Mit dem Handrührgerät die Butter in einer Schüssel 30 Sekunden schaumig schlagen, Zucker, Salz und Vanillearoma hinzufügen und weitere 1–2 Minuten schlagen, bis die Mischung locker und luftig ist. Die drei Eiweiß einzeln unterrühren und das Mehl vorsichtig unterheben. Den Teig in einen Spritzbeutel mit glatter Tülle (Ø 1,25 cm) füllen und 7,5 cm lange Zungen in 2 Reihen auf die vorbereiteten Backbleche spritzen, dazwischen 4 cm Platz lassen.

◊ Die Katzenzungen 8–10 Minuten backen, bis sie an den Rändern goldbraun, aber in der Mitte noch hell sind. Backbleche aus dem Ofen nehmen und abkühlen lassen. Die Katzenzungen dürfen nicht zu lange auf dem Backblech bleiben, da sie sonst leicht zerbrechen.

VARIANTE

Etwa 115 g gehackte Zartbitter-Schokolade schmelzen, in eine Spritztüte (S. 14) füllen und jedes Plätzchen entlang der Mitte mit einem 3 bis 6 mm dicken Schokoladenstrang versehen. Anschließend eine zweite Katzenzunge auf die Schokolade legen, leicht zusammendrücken und im Kühlschrank 10–15 Minuten fest werden lassen. Katzenzungen in luftdicht verschlossenen Dosen mit einem Stück Butterbrotpapier zwischen den Lagen aufbewahren.

WIENER SCHOKOLADENPLÄTZCHEN

LINKS UND RECHTS

ERGIBT UNGEFÄHR 24 STÜCK

Diese Butterplätzchen verströmen einen köstlichen Schokoladenduft. Ihre klassische Form wird durch die Schokoladenglasur noch unterstrichen.

ZUTATEN

- ◊ 225 g Weizenmehl
- ◊ 90 g Kakao
- ◊ 30 g Maisstärke (Mondamin)
- ◊ 225 g weiche Butter
- ◊ 90 g Puderzucker, gesiebt
- ◊ 1 TL Vanillearoma
- ◊ Puderzucker zum Bestäuben
- ◊ 115 g Zartbitter-Schokolade, im Wasserbad geschmolzen

◊ Backofen auf 180 °C vorheizen. Zwei große Backbleche leicht einfetten. Mehl, Kakao und Maisstärke in eine Schüssel geben. Mit dem elektrischen Handrührgerät Butter und Puderzucker in einer großen Schüssel 1–2 Minuten schlagen, bis die Mischung locker und luftig ist. Bei niedrigster Stufe Mehlmischung und Vanillearoma sorgfältig unterrühren, bis ein weicher Teig entsteht.

◊ Den Teig in einen Spritzbeutel mit einer großen Sterntülle füllen und 24 je 7,5 cm große S-Formen auf die vorbereiteten Backbleche spritzen, dazwischen 5 cm Platz lassen.

◊ Die Schokoladenplätzchen 15–20 Minuten backen, bis sie gerade fest sind. Nach der Hälfte der Backzeit die Backbleche tauschen und drehen (von oben nach unten, von vorne nach hinten). Backbleche auf einem Kuchengitter 15 Minuten abkühlen lassen, die Plätzchen mit Hilfe eines Metallspatels vorsichtig auf ein Kuchengitter legen und vollständig abkühlen lassen.

◊ Plätzchen auf ein Kuchengitter legen, mit Puderzucker bestäuben und zur Hälfte in die geschmolzene Schokolade tauchen. Anschließend auf ein mit Butterbrotpapier ausgelegtes Backblech legen und 30 Minuten abkühlen lassen. Die Wiener Schokoladenplätzchen in luftdicht verschlossenen Dosen mit einem Stück Butterbrotpapier zwischen den einzelnen Lagen aufbewahren.

TIP

Sie können die Plätzchen auch von beiden Seiten kurz in die Schokolade tauchen, etwa 30 Minuten später (nach dem Abkühlen der Schokolade) die mit Schokoglasur überzogenen Enden mit Butterbrotpapier oder Aluminiumfolie abdecken und die Plätzchenmitte mit Puderzucker bestäuben.

APRIKOSENHAPPEN

OBEN UND UNTEN

ERGIBT UNGEFÄHR 54 STÜCK

Für die typische Form muß man mit dem Daumen eine Vertiefung in den Teig drücken, die anschließend mit Marmelade gefüllt wird.

VARIANTE

Sie können die Plätzchen auch mit einer großen Rosettentülle auf das Blech spritzen und mit dem Stiel eines Holzlöffels gleichmäßige Vertiefungen hineinbohren.

ZUTATEN

- ◊ 185 g weiche Butter
- ◊ 115 g Zucker
- ◊ 2 Eier, leicht geschlagen
- ◊ 1 TL Vanillearoma
- ◊ 1/2 TL Zimt
- ◊ 1/4 TL Salz
- ◊ 225 g Weizenmehl
- ◊ 50 g Aprikosen- oder andere Marmelade

◊ Backofen auf 200 °C vorheizen. Mit dem Handrührgerät die Butter in einer großen Schüssel 30 Sekunden schaumig schlagen, Zucker hinzufügen und weitere 1–2 Minuten schlagen, bis die Mischung locker und luftig ist. Vanillearoma, Eier, Zimt und Salz hinzufügen und bei niedrigster Stufe die Mehlmischung sorgfältig unterrühren, bis ein weicher Teig entsteht.

◊ Den Teig in einen großen Spritzbeutel mit einer glatten Tülle (Ø 1,25 cm) füllen und 4 cm große Kugeln auf zwei ungefettete Backbleche spritzen, dazwischen 2,5 cm Platz lassen. Mit dem leicht bemehlten Daumen in die Mitte jedes Teigkreises eine Vertiefung drücken.

◊ Die Happen 7–10 Minuten backen, bis sie goldbraun sind. Backbleche auf einem Kuchengitter etwas abkühlen lassen, die Plätzchen mit Hilfe eines Metallspatels auf ein Kuchengitter legen und vollständig abkühlen lassen.

◊ Aprikosenmarmelade in einem Topf bei schwacher Hitze zerlassen, bis sie kleine Blasen wirft. Anschließend die Marmelade mit einem Teelöffel in die Vertiefung der noch warmen Plätzchen geben und vollständig abkühlen lassen. Die Aprikosenhappen in luftdicht verschlossenen Dosen aufbewahren, jedoch nicht übereinanderstapeln.

TIP

Mit Himbeer- und Orangenmarmelade können Sie die Plätzchen noch farbenfroher verzieren.

Zitronenplätzchen mit Schokoladenglasur

LINKS UND RECHTS

ERGIBT UNGEFÄHR 36 STÜCK

Diese verlockenden, köstlichen Plätzchen erhalten durch den Saft und die Schale einer Orange ein noch stärkeres Aroma.

ZUTATEN

- ◊ 90 g Weizenmehl
- ◊ 2 EL Maisstärke (Mondamin)
- ◊ 1/8 TL Backpulver
- ◊ 115 g weiche Butter
- ◊ 50 g Puderzucker
- ◊ 1 Ei, Eiweiß und Eigelb getrennt
- ◊ geriebene Schale von 1 Zitrone
- ◊ 1 EL Zitronensaft
- ◊ 1/2 TL Vanillearoma
- ◊ 1/8 TL Salz
- ◊ Zucker zum Bestreuen
- ◊ 90–115 g Zartbitter-Schokolade, im Wasserbad geschmolzen

◊ Backofen auf 180 °C vorheizen. Zwei große Backbleche leicht einfetten. Mehl, Maisstärke und Backpulver in eine Schüssel geben. Mit dem elektrischen Handrührgerät Butter und Zucker in einer großen Schüssel 1–2 Minuten schaumig schlagen, bis die Mischung locker und luftig ist. Vanillearoma, Eigelb sowie Zitronenschale und Zitronensaft hinzufügen und bei niedrigster Stufe die Mehlmischung sorgfältig unterrühren, bis ein weicher Teig entsteht. Beiseite stellen.

◊ Eiweiß und Salz in einer kleinen Schüssel steif schlagen, bis der Eischnee schnittfest ist; dann unter die Butter-Mehl-Mischung heben, bis ein weicher Teig entsteht. Den Teig in einen großen Spritzbeutel mit einer Bandtülle füllen und 4 cm lange Stangen auf die vorbereiteten Backbleche spritzen, dazwischen 2,5 cm Platz lassen. Plätzchen mit etwas Zucker bestreuen.

◊ Zitronenplätzchen 10–12 Minuten backen, bis sie an den Rändern goldbraun sind. Backbleche auf einem Kuchengitter 3–5 Minuten abkühlen lassen, die Plätzchen vorsichtig auf ein Kuchengitter legen und vollständig abkühlen lassen. Jedes Plätzchen zu einem Drittel in die geschmolzene Schokolade tauchen, auf ein mit Butterbrotpapier ausgelegtes Backblech legen und die Schokolade abkühlen lassen. Zitronenplätzchen in luftdicht verschlossenen Dosen aufbewahren.

Orangen-Spritzgebäck

OHNE ABBILDUNG

ERGIBT UNGEFÄHR 96 STÜCK

ZUTATEN

- ◊ 375 g Weizenmehl
- ◊ 1/2 TL Gewürzmischung (Zimt, Koriander, Nelken, Piment, Muskat und Ingwer)
- ◊ 1/4 TL Salz
- ◊ 375 g Butter
- ◊ 155 g Zucker
- ◊ 1 Ei
- ◊ geriebene Schale von 1 Orange
- ◊ 50 ml Orangensaft, frischgepreßt
- ◊ 1/2 TL Mandelaroma
- ◊ 115 g Orangenmarmelade
- ◊ Mandelblättchen zum Dekorieren (nach Wunsch)

◊ Mehl, Gewürzmischung und Salz in eine Schüssel geben. Mit dem elektrischen Handrührgerät die Butter in einer großen Schüssel 30–60 Sekunden schaumig schlagen, Zucker hinzufügen und weitere 1–2 Minuten schlagen, bis die Mischung locker und luftig ist. Ei, Orangenschale und Orangensaft hinzufügen und bei niedrigster Stufe die Mehlmischung sorgfältig unterrühren.

◊ Backofen auf 190 °C vorheizen. Den Teig vierteln, ein Viertel in eine Gebäckpresse mit einem bandförmigen Aufsatz füllen und 30 cm lange, einander überlappende Stangen auf ein ungefettetes Backblech spritzen, so daß ein 7,5 cm breiter Teigstrang entsteht. Die Stangen etwas abflachen und auf allen Seiten mit einem weiteren Teigstrang umranden, so daß in der Mitte eine flache Mulde entsteht. (Die Marmelade kann dann nicht auf das Backblech auslaufen.)

◊ Die Stangen 15 Minuten backen. Backblech aus dem Ofen nehmen, die Mulde mit der Rückseite eines Löffels flachdrücken und bis kurz unterhalb der Umrandung mit Marmelade füllen.

◊ Gebäck weitere 10–12 Minuten backen, bis es an den Rändern goldbraun ist und die Marmelade Blasen wirft. Backblech auf einem Kuchengitter 3 Minuten abkühlen lassen, die Teigstangen mit Hilfe eines Metallspatels vorsichtig auf ein Kuchengitter legen. 5 Minuten abkühlen lassen und die noch warmen Stangen auf einer Arbeitsfläche in 2,5 cm breite Plätzchen schneiden.

Gewürzschnecken

OBEN UND RECHTS

ERGIBT UNGEFÄHR 24 STÜCK

ZUTATEN

- ◊ 185 g Weizenmehl
- ◊ 1/2 TL Natron
- ◊ 1 TL Zimt
- ◊ 1/2 TL Ingwerpulver
- ◊ 1/2 TL Kardamom
- ◊ 1/4 TL schwarzer Pfeffer, feingemahlen
- ◊ 1/8 TL Salz
- ◊ 90 g Pflanzenschmalz
- ◊ 90 g Zucker
- ◊ 50 g Melasse
- ◊ 1 Ei
- ◊ 2 EL Apfelessig
- ◊ Puderzucker zum Bestäuben

◊ Mehl, Natron, Zimt, Ingwer, Kardamom, Pfeffer und Salz in eine Schüssel geben. Mit dem elektrischen Handrührgerät Pflanzenschmalz und Zucker in einer großen Schüssel 1–2 Minuten schaumig schlagen, bis die Mischung locker und luftig ist. Melasse, Ei und Essig hinzufügen und bei niedrigster Stufe die Mehlmischung sorgfältig unterrühren, bis ein weicher Teig entsteht.

◊ Backofen auf 180 °C vorheizen. Zwei große Backbleche leicht einfetten. Den Teig in einen großen Spritzbeutel mit einer glatten Tülle (Ø 6 mm) füllen und 5 cm große Spiralen oder Schnecken auf die vorbereiteten Backbleche spritzen, dazwischen 5 cm Platz lassen.

◊ Die Gewürzschnecken 8–10 Minuten backen, bis sie leicht gebräunt sind. Backbleche auf einem Kuchengitter etwas abkühlen lassen, die Plätzchen vorsichtig auf ein Kuchengitter legen und vollständig abkühlen lassen. Die Schnecken mit Puderzucker bestäuben und in luftdicht verschlossenen Dosen aufbewahren.

Baisers mit Vanillecreme

LINKS UND RECHTS

ERGIBT UNGEFÄHR 18 GEFÜLLTE BAISERS

ZUTATEN

- ◊ 4 Eiweiß
- ◊ 1/8 TL Weinstein
- ◊ 280 g Zucker
- ◊ 1 TL Vanillearoma
- ◊ 250 ml Crème fraîche oder Schlagsahne
- ◊ 1 TL Vanillearoma

◊ Backofen auf 100 °C vorheizen. Zwei große Backbleche mit Aluminiumfolie auslegen.

◊ Mit dem elektrischen Handrührgerät Eiweiß in einer großen Schüssel schaumig schlagen. Weinstein hinzufügen und bei höchster Stufe das Eiweiß steif schlagen. Den Zucker löffelweise nach und nach unter das Eiweiß schlagen, bis der Eischnee steif ist und glänzt. Dann Vanillearoma hinzufügen.

◊ Den Teig in einen großen Spritzbeutel mit einer großen Sterntülle füllen und eine gerade Anzahl von 4–5 cm großen Rosetten auf die vorbereiteten Backbleche spritzen, dazwischen 4 cm Platz lassen.

◊ Baisers etwa 1 Stunde backen, bis sie fest sind. Nach der Hälfte der Backzeit die Backbleche tauschen und drehen (von oben nach unten, von vorne nach hinten). Die Baisers dürfen nicht braun werden. Den Ofen abstellen, die Baisers 1 weitere Stunde im Backofen trocknen lassen, anschließend von der Folie lösen und auf einem Kuchengitter abkühlen lassen.

◊ Schlagsahne und Vanillearoma in einer Schüssel steif schlagen. Etwas Vanillecreme auf ein Baiser geben und mit einem zweiten Baiser abdecken.

TIP

Ungefüllte Baisers in luftdicht verschlossenen Dosen aufbewahren. Für besondere Anlässe das Vanillearoma durch 1–2 Eßlöffel Kirschwasser oder Orangen- bzw. Himbeerlikör ersetzen.

Schokoladen-Spritzgebäck

OHNE ABBILDUNG

ERGIBT UNGEFÄHR 54 STÜCK

ZUTATEN

- ◊ 50 g Zartbitter-Schokolade, gehackt
- ◊ 115 g weiche Butter
- ◊ 220 g Zucker
- ◊ 1/4 TL Salz
- ◊ 1 Ei
- ◊ 1 TL Vanillearoma
- ◊ 2 EL Milch
- ◊ 225 g Weizenmehl, gesiebt
- ◊ Liebesperlen zum Dekorieren

◊ Backofen auf 180 °C vorheizen. Schokolade unter ständigem Rühren im Wasserbad schmelzen, vom Herd nehmen und etwas abkühlen lassen. Mit dem elektrischen Handrührgerät die Butter in einer großen Schüssel 30 Sekunden schaumig schlagen, Zucker und Salz hinzufügen und weitere 1–2 Minuten schlagen, bis die Mischung locker und luftig ist. Vanillearoma, Ei und Milch hinzufügen, anschließend die abgekühlte Schokolade vorsichtig dazugeben und bei niedrigster Stufe das Mehl sorgfältig unterrühren, bis ein weicher Teig entsteht. (Falls der Teig zu weich ist, noch etwas Mehl hinzufügen.)

◊ Den Teig in einen großen Spritzbeutel mit einer großen Sterntülle füllen und 5 cm große Muscheln auf zwei ungefettete Backbleche spritzen, dazwischen 4 cm Platz lassen. Die Muscheln mit Liebesperlen verzieren und 12–15 Minuten backen, bis sie an den Rändern knusprig sind. Backbleche aus dem Ofen nehmen und die Plätzchen mit einem Metallspatel vorsichtig auf ein Kuchengitter transportieren und vollständig abkühlen lassen. Die Backbleche spülen und abkühlen und den restlichen Teig auf die gleiche Weise verarbeiten.

TIP

Dieser Teig kann auch durch eine Gebäckpresse mit beliebigem Aufsatz gepreßt werden – Plätzchenstränge mit Sägezahnmuster wirken besonders hübsch. Die Plätzchen anschließend mit Puderzucker bestäuben.

SCHOKOLADEN-AMARETTI

RECHTS UND UNTEN

ERGIBT UNGEFÄHR 24 STÜCK

Dieses makronenartige Gebäck verbindet Schokolade und Mandeln zu einer köstlichen Kombination. Es paßt hervorragend zu einer Tasse Espresso!

ZUTATEN

- 115 g ganze Mandeln, abgezogen
- 105 g Zucker
- 1 EL Kakao
- 2 EL Puderzucker
- 2 Eiweiß
- 1/8 TL Weinstein
- 1/2 TL Vanillearoma
- 1/2 TL Mandelaroma
- Puderzucker zum Bestäuben

◊ Backofen auf 180 °C vorheizen. Die Mandeln auf einem kleinen Backblech 7–10 Minuten goldbraun rösten und abkühlen lassen. Backofentemperatur auf 160 °C reduzieren. Ein großes Backblech mit leicht gefetteter Aluminiumfolie oder Backpapier auslegen.

◊ Mandeln und 2 Eßlöffel Zucker in der Küchenmaschine sehr fein, aber nicht zu lange mahlen. Kakao und Puderzucker hinzufügen und ebenfalls mahlen.

◊ Mit dem elektrischen Handrührgerät Eiweiß in einer großen Schüssel schaumig schlagen. Weinstein hinzufügen und bei höchster Stufe das Eiweiß steif schlagen. Den restlichen Zucker löffelweise nach und nach unter das Eiweiß schlagen, bis der Eischnee steif ist und glänzt. Vanille- und Mandelaroma hinzufügen und die Mandel-Kakao-Mischung vorsichtig unterheben.

◊ Den Teig in einen großen Spritzbeutel mit einer glatten Tülle (Ø 1,25 cm) füllen und 4 cm große Teighügel auf die vorbereiteten Backbleche spritzen, dazwischen 2,5 cm Platz lassen.

◊ Die Amaretti 12–15 Minuten backen, bis sie gerade fest sind. Backbleche auf einem Kuchengitter etwas abkühlen lassen, die Plätzchen mit Hilfe eines Metallspatels vorsichtig auf ein Kuchengitter legen und vollständig abkühlen lassen. Schokoladenamaretti mit Puderzucker bestäuben und in luftdicht verschlossenen Dosen aufbewahren.

TIP

Sie können die Amaretti vor dem Backen auch mit Mandelblättchen verzieren.

Mokkabaisers

OHNE ABBILDUNG

ERGIBT UNGEFÄHR 42 STÜCK

Diese außergewöhnlichen Baisers erhalten ihr Mokkaaroma durch Kakao- und Kaffeepulver.

ZUTATEN

- ◊ 440 g Puderzucker, gesiebt
- ◊ 1 1/2 TL Kakao
- ◊ 4 Eiweiß
- ◊ 1/4 TL Weinstein
- ◊ 1 TL Pulverkaffee (Espresso), (gefriergetrocknetes Pulver fein zerdrücken)
- ◊ 1 TL Vanillearoma

◊ Zwei große Backbleche mit Aluminiumfolie auslegen. 45 g Puderzucker, Kakao und Pulverkaffee in eine kleine Schüssel geben und beiseite stellen.

◊ Backofen auf 110 °C vorheizen. Mit dem elektrischen Handrührgerät Eiweiß in einer großen Schüssel schaumig schlagen. Weinstein hinzufügen und bei höchster Stufe das Eiweiß steif schlagen. Den restlichen Puderzucker löffelweise nach und nach 10–14 Minuten unter das Eiweiß schlagen, bis der Eischnee steif ist und glänzt. Das Vanillearoma hinzufügen und die Zucker-Kakao-Mischung vorsichtig unterheben.

◊ Den Teig in einen großen Spritzbeutel mit einer großen Sterntülle füllen und 6 cm große Sterne auf die vorbereiteten Backbleche spritzen, dazwischen 4 cm Platz lassen. Baisers etwa 1 Stunde backen, den Ofen abstellen, die Baisers 1 weitere Stunde im Backofen trocknen lassen, anschließend von der Folie lösen und auf einem Kuchengitter vollständig abkühlen lassen. Mokkabaisers in luftdicht verschlossenen Dosen aufbewahren.

> **TIP**
>
> Gleichmäßige Sterne erzielen Sie, indem Sie einen sternförmigen Plätzchenausstecher auf die Aluminiumfolie setzen und die Ecken des Sterns mit einem Stift vorsichtig markieren.

Baiservoluten

OBEN UND UNTEN

ERGIBT UNGEFÄHR 42 STÜCK

Die geriebene Schokolade verleiht den Baisers einen etwas herberen Geschmack. In Schokoladenglasur getaucht wirken sie noch eleganter.

ZUTATEN

- ◊ 50 g Zartbitter-Schokolade, gehackt
- ◊ 50 g Puderzucker, gesiebt
- ◊ 4 Eiweiß
- ◊ 1/4 TL Weinstein
- ◊ 280 g Zucker
- ◊ 1 TL Vanillearoma
- ◊ Kakao zum Bestäuben

◊ Zwei große Backbleche mit Aluminiumfolie auslegen. Schokolade und Puderzucker in einer Küchenmaschine sehr fein mahlen und in einer Schüssel in den Kühlschrank stellen. Mit dem Handrührgerät Eiweiß in einer großen Schüssel schaumig schlagen. Weinstein und Vanillearoma hinzufügen und bei höchster Stufe das Eiweiß steif schlagen. Den Zucker löffelweise nach und nach 10–15 Minuten unter das Eiweiß schlagen, bis der Eischnee steif ist und glänzt. Dann die Schokoladenmischung vorsichtig unterheben.

◊ Backofen auf 100 °C vorheizen. Den Teig in einen großen Spritzbeutel mit einer großen Sterntülle füllen und 7,5 cm große S-Formen oder Voluten auf die vorbereiteten Backbleche spritzen, dazwischen 4 cm Platz lassen.

◊ Baisers etwa 1 Stunde backen, den Ofen abstellen, die Baisers 1 weitere Stunde im Backofen trocknen lassen, anschließend von der Folie lösen und auf einem Kuchengitter vollständig abkühlen lassen. Nach Wunsch mit Kakao bestäuben.

◊ Schokolade unter ständigem Rühren im Wasserbad schmelzen, vom Herd nehmen und die Voluten zur Hälfte in die Glasur tauchen, dann auf einem mit Butterbrotpapier ausgelegten Backblech 1 Stunde abkühlen lassen. Baiservoluten in luftdicht verschlossenen Dosen mit einem Stück Butterbrotpapier zwischen den einzelnen Lagen aufbewahren.

BAISER-PILZE

OBEN UND UNTEN

ERGIBT UNGEFÄHR 36 STÜCK

In Frankreich dekoriert man mit diesen Plätzchen den traditionellen Weihnachtsholzklotz, den Bûche de Noël.

ZUTATEN

- ◊ 3 Eiweiß
- ◊ 1/8 TL Weinstein
- ◊ 225 g Puderzucker
- ◊ 50 g Bitterschokolade, im Wasserbad geschmolzen
- ◊ Kakao zum Bestäuben

◊ Ein großes Backblech mit Aluminiumfolie auslegen. Mit dem elektrischen Handrührgerät Eiweiß in einer großen Schüssel schaumig schlagen. Weinstein hinzufügen und bei höchster Stufe das Eiweiß steif schlagen. Den Zucker löffelweise nach und nach unter das Eiweiß schlagen, bis der Eischnee steif ist und glänzt.

◊ Den Teig in einen großen Spritzbeutel mit einer glatten Tülle (Ø 1,25 cm) füllen und 30 je 4 cm große Pilzhüte auf die vorbereiteten Backbleche spritzen, dazwischen 4 cm Platz lassen. Anschließend eine gleiche Anzahl von 0,5 bis 2,5 cm großen Kegelformen auf die Bleche spritzen. Baisers 1 Stunde ruhen lassen, damit sie trocknen können.

◊ Backofen auf 100 °C vorheizen. Baisers etwa 1 Stunde backen; nach der Hälfte der Backzeit die Backbleche tauschen und drehen (von oben nach unten, von vorne nach hinten). Den Ofen abstellen, die Baisers 1 weitere Stunde im Backofen trocknen lassen, anschließend von der Folie lösen und mit einer Messerspitze vorsichtig ein kleines Loch in die Unterseite der Pilzhüte bohren. Etwas geschmolzene Schokolade auf die Unterseite der Pilzhüte streichen und die Spitze der Kegelform vorsichtig in das Loch der Hüte einsetzen. Baiserpilze mindestens 1 Stunde ruhen lassen und die Pilzhüte mit Kakao bestäuben.

TIP

Der Zucker sollte ganz langsam unter das Eiweiß geschlagen werden, da die Baisers ihn sonst ausschwitzen und klebrig werden.

ANISHAPPEN

OHNE ABBILDUNG

ERGIBT UNGEFÄHR 48 STÜCK

Da Anisöl einen sehr intensiven Geschmack besitzt, sollten Sie es nur tropfenweise verwenden. In manchen Rezepten wird Anis durch Kümmelkörner ersetzt.

ZUTATEN

- ◊ 315 g Zucker
- ◊ 3–4 Tropfen Anisöl oder Zitronenaroma
- ◊ 1 EL Anissamen, leicht zerdrückt
- ◊ geriebene Schale von 1 kleinen Zitrone
- ◊ 315–375 g Weizenmehl, gesiebt
- ◊ 4 Eier

◊ Zwei große Backbleche stark einfetten. Mit dem Handrührgerät Eier und Zucker in einer Schüssel 30 Minuten schaumig schlagen, bis die Mischung sehr dickflüssig und hell ist und schwer vom Löffel fällt. Anisöl (oder Zitronenaroma) und Anissamen vorsichtig unterrühren. Bei niedrigster Stufe das Mehl sorgfältig unterrühren, bis ein weicher Teig entsteht. Den Teig in einen großen Spritzbeutel mit einer glatten Tülle (Ø 6 mm) füllen, 2,5–4 cm große Teighaufen auf die vorbereiteten Backbleche spritzen und über Nacht bei Zimmertemperatur trocknen lassen.

◊ Backofen auf 150 °C vorheizen. Die Happen 15–20 Minuten backen, bis sie leicht gebräunt und aufgegangen sind. Nach der Hälfte der Backzeit die Backbleche tauschen und drehen (von oben nach unten, von vorne nach hinten). Backbleche auf einem Kuchengitter etwas abkühlen lassen, die Plätzchen vorsichtig auf ein Kuchengitter legen und vollständig abkühlen lassen. Anishappen in luftdicht verschlossenen Dosen aufbewahren.

TIP

Der Teig muß mindestens 30 Minuten geschlagen und über Nacht getrocknet werden, damit die Plätzchen wie Baisers aufgehen.

SPRITZGEBÄCK

LINKS UND RECHTS

ERGIBT UNGEFÄHR 54 STÜCK

Hierbei handelt es sich um das klassische Butterspritzgebäck, das in Amerika sehr beliebt ist.

ZUTATEN

- ◊ 225 g weiche Butter
- ◊ 105 g Zucker
- ◊ 1 Ei
- ◊ 1 1/2 TL Vanille- oder 1 TL Mandelaroma
- ◊ 280–315 g Weizenmehl, gesiebt
- ◊ kandierte Kirschen zum Dekorieren

◊ Backofen auf 180 °C vorheizen. Mit dem Handrührgerät die Butter in einer Schüssel 30–60 Sekunden schaumig schlagen, Zucker hinzufügen und weitere 1–2 Minuten schlagen, bis die Mischung locker und luftig ist. Vanille- oder Mandelaroma und Ei hinzufügen und bei niedrigster Stufe 280 g Mehl sorgfältig unterrühren, bis ein weicher Teig entsteht. Den Teig in eine Gebäckpresse mit einem beliebigen Aufsatz füllen, die Plätzchen auf zwei ungefettete, kalte Backbleche spritzen und mit einer kandierten Kirsche verzieren.

◊ Plätzchen 7–10 Minuten backen, bis sie leicht gebräunt sind. Backbleche aus dem Herd nehmen, die noch warmen Plätzchen vorsichtig auf ein Kuchengitter legen und vollständig abkühlen lassen.

TIP

Der Teig benötigt zum Pressen unbedingt die richtige Temperatur, denn wenn er oder die Küche zu warm ist, verliert er seine Form und muß vor dem Pressen 30 Minuten in den Kühlschrank gestellt werden. Wurde der Teig jedoch zulange gekühlt oder ist er zu fest, können Sie ihn kaum durch die Gepäckpresse drücken. Zu weicher Teig wird mit etwas Mehl fester, zu fester Teig mit etwas Milch weicher. Am besten formen Sie den Teig zu einem Strang, dessen Durchmesser etwas geringer ist als der Durchmesser der Gebäckpresse, und füllen ihn dann in die Presse. Da jede Gebäckpresse in eine andere Richtung spritzt, empfiehlt es sich, zuerst einmal ein paar »Probeplätzchen« zu fertigen.

KAPITEL

6

PLÄTZCHEN vom Blech

Bei diesen Plätzchen wird der Teig gleichmäßig auf ein flaches Backblech verteilt und nach dem Backen in Riegel oder Rauten geschnitten.

Schokoladen-Orangen-Riegel

LINKS UND RECHTS

ERGIBT UNGEFÄHR 18 STÜCK

Diese Riegel enthalten eine Mischung aus Schokolade und Orange – meine bevorzugte Geschmackskombination. Sie sind allerdings recht mächtig.

ZUTATEN

SCHOKOLADENBODEN

- ◊ 115 g Weizenmehl
- ◊ 30 g Kakao
- ◊ 1/4 TL Salz
- ◊ 155 g weiche Butter
- ◊ 90 g Zucker
- ◊ 50 g Puderzucker

ORANGENBELAG

- ◊ geriebene Schale von 1 Orange
- ◊ 120 ml Orangensaft, frischgepreßt
- ◊ 50 ml Wasser
- ◊ 4 EL Maisstärke (Mondamin)
- ◊ 1 TL Zitronensaft
- ◊ 1 EL Butter
- ◊ 50 g Orangenmarmelade

SCHOKOLADENGLASUR

- ◊ 3 EL Crème fraîche
- ◊ 1/2 TL heller Sirup
- ◊ 90 g Bitterschokolade, gehackt

◊ Backofen auf 160 °C vorheizen. Eine 21 × 21 cm große Auflaufform vorbereiten (siehe S. 102). Mehl, Kakao und Salz in eine Schüssel geben. Mit dem Handrührgerät Butter und Zucker in einer großen Schüssel 30–60 Sekunden schaumig schlagen, bis die Mischung locker und cremig ist. Bei niedrigster Stufe die Mehlmischung nach und nach sorgfältig unterrühren, bis ein weicher Teig entsteht.

◊ Den Teig gegebenenfalls auf einer leicht bemehlten Arbeitsfläche vorsichtig durchkneten, in die vorbereitete Auflaufform geben und gleichmäßig verteilen. Den gesamten Teigboden mehrmals mit einer Gabel einstechen. Den Boden 30–35 Minuten backen, bis er goldbraun und fest ist. Auflaufform etwas abkühlen lassen und in der Zwischenzeit den Belag vorbereiten.

◊ Orangenschale, Orangensaft, Wasser, Maisstärke und Zitronensaft in einem Topf unter ständigem Rühren bei mittlerer Hitze zum Kochen bringen und 1 Minute köcheln lassen, bis die Mischung andickt. Den Topf vom Herd nehmen und Butter sowie Marmelade unterrühren, bis sie geschmolzen sind. Den Belag auf den warmen Teigboden geben und mindestens 5 Minuten backen. Auflaufform auf einem Kuchengitter etwas abkühlen lassen und 1 Stunde in den Kühlschrank stellen.

◊ Crème fraîche und Sirup in einem Topf zum Kochen bringen, vom Herd nehmen und die gesamte Schokolade unterrühren und schmelzen. Schokoladenglasur unter gelegentlichem Rühren abkühlen lassen, bis sie andickt.

◊ Boden und Belag mit Hilfe der Aluminiumfolie aus der Form nehmen, die Folie abziehen und auf einem Brett in Riegel oder Rauten schneiden. Die Schokoladenglasur in eine Spritztüte (S. 14) füllen und auf die Riegel träufeln. Die Schokoladen-Orangen-Riegel 30 Minuten in den Kühlschrank stellen und in luftdicht verschlossenen Dosen im Kühlschrank aufbewahren, jedoch nicht stapeln.

TIP

Sie können die Schokoladenglasur auch über die ungeschnittenen Riegel träufeln, diese zum Abkühlen in den Kühlschrank stellen, in der abgedeckten Auflaufform aufbewahren und nach Bedarf schneiden.

Apriko-senrauten

OHNE ABBILDUNG

ERGIBT UNGEFÄHR 16 STÜCK

Zusammen mit einer Vanillesauce ergeben Aprikosenrauten ein himmlisches Dessert.

ZUTATEN

MANDELBODEN

- ◊ 115 g weiche Butter
- ◊ 90 g Weizenmehl
- ◊ 30 g ganze Mandeln, abgezogen und feingemahlen
- ◊ 50 g Zucker

APRIKOSENBELAG

- ◊ 155 g getrocknete Aprikosen
- ◊ 250 ml Wasser
- ◊ 185 g brauner Zucker
- ◊ 2 Eier
- ◊ 90 g Mandeln, abgezogen und gehackt
- ◊ 45 g Weizenmehl
- ◊ 1/2 TL Mandelaroma
- ◊ 1/2 TL Backpulver
- ◊ 1/4 TL Salz
- ◊ Puderzucker zum Bestäuben

◊ Backofen auf 180 °C vorheizen. Eine 21 × 21 cm große Auflaufform einfetten. Mit dem elektrischen Handrührgerät Butter, Mehl, gemahlene Mandeln und Zucker in einer großen Schüssel verrühren, bis ein bröseliger Teig entsteht. Den Teig in die vorbereitete Auflaufform geben und mit der Rückseite eines Löffels gleichmäßig verteilen. Den Boden 25 Minuten backen, bis er goldbraun und leicht aufgegangen ist. Auflaufform auf einem Kuchengitter etwas abkühlen lassen.

◊ Aprikosen und Wasser in einem Topf bei großer Hitze zum Kochen bringen und bei schwacher Hitze abgedeckt 15–20 Minuten köcheln lassen, bis die Aprikosen weich sind (eventuell noch etwas Wasser dazugeben). Leicht abkühlen, dann abtropfen lassen, fein hacken und in eine Schüssel geben.

◊ Braunen Zucker, Eier, Mandeln, Mehl, Mandelaroma, Backpulver und Salz unter die Aprikosen rühren. Mit dem elektrischen Handrührgerät 1–2 Minuten schlagen, bis die Mischung locker und luftig ist, und auf den gebackenen Boden geben. Den Belag 25 Minuten backen, bis er goldbraun und aufgegangen ist. Auflaufform auf einem Kuchengitter vollständig abkühlen lassen und Boden und Belag in 16 Quadrate oder Rauten schneiden; mit Puderzucker leicht bestäuben.

Schokoladen-schnitten mit Himbeermarmelade

OBEN UND RECHTS

ERGIBT UNGEFÄHR 24 STÜCK

ZUTATEN

SCHOKOLADENBODEN

- ◊ 115 g weiche Butter
- ◊ Puderzucker, gesiebt
- ◊ 30 g Kakao
- ◊ 1/4 TL Salz
- ◊ 1 TL Vanille- oder Mandelaroma
- ◊ 115 g Weizenmehl

BELAG

- ◊ 50 g Himbeermarmelade ohne Kerne
- ◊ 1 EL Himbeerlikör
- ◊ 225 g Schokostreusel
- ◊ 185 g Mandeln,abgezogen und feingemahlen
- ◊ 4 Eiweiß
- ◊ 1/4 TL Salz
- ◊ 220 g Zucker
- ◊ 1/2 TL Mandelaroma
- ◊ 50 g Mandelblättchen

◊ Backofen auf 160 °C vorheizen. Ein 35,5 × 24 cm großes Backblech vorbereiten (siehe S. 102). Mit dem Handrührgerät Butter, Puderzucker, Kakao und Salz schaumig schlagen. Vanille- und Mandelaroma hinzufügen und das Mehl unterrühren, bis ein bröseliger Teig entsteht. Den Teig auf das vorbereitete Backblech geben und mehrmals mit einer Gabel einstechen. Den Boden 20 Minuten backen, bis er fest ist. Backblech auf einem Kuchengitter etwas abkühlen lassen und den Backofen auf 190 °C einstellen.

◊ Himbeermarmelade und Likör verrühren, gleichmäßig auf dem Boden verteilen und mit Schokostreuseln versehen. Gemahlene Mandeln, Eiweiß, Salz, Zucker und Mandelaroma in einer Küchenmaschine schaumig schlagen und über die Marmeladen- und Schokoladenschicht gießen. Anschließend mit Mandelblättchen bestreuen.

◊ Den Belag 20–25 Minuten backen, bis er leicht gebräunt und aufgegangen ist. Backblech auf einem Kuchengitter 30 Minuten abkühlen lassen, dann Boden und Belag auf ein Kuchengitter geben, vollständig abkühlen lassen, die Aluminiumfolie abziehen und die Plätzchen in schmale Stücke schneiden.

Dattel-Hafer-Schnitten

LINKS UND UNTEN

ERGIBT UNGEFÄHR 24 STÜCK

Diese köstlichen Dattelschnitten, die mit knusperigen Haferstreuseln verfeinert werden, sind ein Muß für jeden Dattelliebhaber.

ZUTATEN

FÜLLUNG

- ◊ 500 g Datteln, entkernt
- ◊ 185 g brauner Zucker
- ◊ 150 ml Wasser
- ◊ 1 TL Vanillearoma

BODEN UND STREUSEL

- ◊ 185 g Vollkorn-Haferflocken
- ◊ 185 g Weizenmehl
- ◊ 185 g brauner Zucker
- ◊ 1 TL Zimt
- ◊ 1/2 TL Natron
- ◊ 50 g Walnüsse, gehackt
- ◊ 225 g kalte Butter, in kleine Stücke geschnitten

◊ Ein 35,5 × 24 cm großes Backblech vorbereiten (siehe S. 102). Datteln, Zucker und Wasser in einem Topf bei mittlerer Hitze köcheln lassen, bis der Zucker vollständig aufgelöst ist, vom Herd nehmen, Vanillearoma dazugeben und in einer Küchenmaschine zu einer glatten Mischung verarbeiten. Anschließend in einer Schüssel vollständig abkühlen lassen.

◊ Backofen auf 180 °C vorheizen. Haferflocken, Mehl, braunen Zucker, Zimt, Natron und Walnüsse in eine Schüssel geben, die Butterstückchen hinzufügen und mit den Fingern durchkneten, bis grobe Teigstreusel entstehen. Die Hälfte des Teigs auf das vorbereitete Backblech geben und gleichmäßig über den Boden und die Ränder verteilen. Die abgekühlte Füllung über den Boden gießen und die restlichen Streusel gleichmäßig darüber verteilen.

◊ Boden und Belag 35 Minuten backen, bis die Streusel goldbraun sind und die Füllung Blasen wirft. Backblech auf einem Kuchengitter 1 Stunde abkühlen lassen und Boden und Belag mit Hilfe der Aluminiumfolie vom Blech nehmen, die Folie abziehen und die Plätzchen auf einem Brett in Quadrate schneiden. Dattel-Hafer-Schnitten in luftdicht verschlossenen Dosen aufbewahren.

VARIANTE

Sie können die Datteln auch durch 500 g getrocknete Feigen (ohne Stiele) ersetzen.

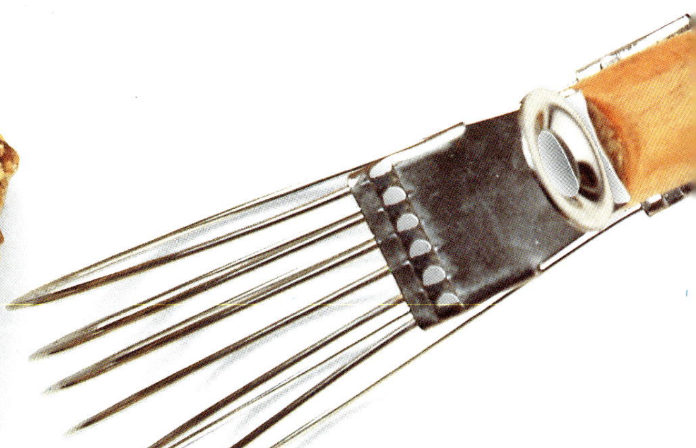

SCHOKOLADEN-HIMMEL

OHNE ABBILDUNG

ERGIBT UNGEFÄHR 36 STÜCK

Eine Mischung aus Zartbitter-, Vollmilch- und weißer Schokolade mit Nüssen und Kokosraspeln auf einem Löffelbiskuitboden.

ZUTATEN

LÖFFELBISKUIT-BODEN

- ◊ 32 Löffelbiskuits
- ◊ 1 TL Zimt
- ◊ 1/2 TL Muskat
- ◊ 185 g Butter, zerlassen

BELAG

- ◊ 90 g Kokosraspel
- ◊ 90 g Sultaninen
- ◊ 225 g Pekannußhälften, grobgehackt
- ◊ 185 g Zartbitter-Schokolade, gehackt
- ◊ 185 g Vollmilchschokolade, gehackt
- ◊ 185 g weiße Schokolade, gehackt
- ◊ 400 ml Kondensmilch
- ◊ Zucker (nach Belieben)

◊ Backofen auf 180 °C vorheizen. Ein 39,5 × 28 cm großes Backblech leicht einfetten. Löffelbiskuits, Zimt und Muskat in einer Küchenmaschine zu feinen Streuseln verarbeiten, in eine Schüssel geben, die zerlassene Butter hinzufügen und sorgfältig verrühren.

◊ Die Streusel mit der Rückseite eines Löffels gleichmäßig über den Boden und die Ränder des Backblechs verteilen und mit Kokosraspeln und Sultaninen bestreuen.

◊ Pekannüsse und die gesamte gehackte Schokolade in eine große Schüssel geben, Kondensmilch unterrühren, alles über die Kokosraspel und Sultaninen gießen und gleichmäßig verteilen.

◊ Boden und Belag 30–35 Minuten backen, bis die Schokolade weich ist und die Flüssigkeit Blasen wirft. Backblech auf einem Kuchengitter vollständig abkühlen lassen, das Gebäck entlang der Backform mit einem Messer lösen und mit Hilfe zweier Metallspatel vorsichtig auf ein Kuchengitter legen. Boden und Belag mit einem scharfen Messer in 5 × 4 cm große Riegel schneiden und in luftdicht verschlossenen Dosen mit einem Stück Butterbrotpapier zwischen den einzelnen Lagen aufbewahren.

SCHOKOLADEN-HASELNUSS-RIEGEL

OBEN

ERGIBT UNGEFÄHR 24 STÜCK

Der Haselnußboden und die köstliche Schokolade ergeben eine einfach unschlagbare Kombination.

ZUTATEN

HASELNUSSBODEN

- ◊ 50 g Haselnüsse
- ◊ 185 g Weizenmehl
- ◊ 90 g Zucker
- ◊ 90 g kalte Butter, in kleine Stücke geschnitten

SCHOKOLADENBELAG

- ◊ 115 g Zucker
- ◊ 1/4 TL Salz
- ◊ 50 g Kakao
- ◊ 90 ml Wasser
- ◊ 2 EL Butter
- ◊ 2 Eier
- ◊ 1 1/2 TL Vanillearoma
- ◊ Puderzucker zum Bestäuben

◊ Backofen auf 180 °C vorheizen. Die Nüsse auf einem Backblech 5–7 Minuten goldbraun rösten, auf einen Teller geben und vollständig abkühlen lassen. Eine 21 × 21 cm große Auflaufform vorbereiten (siehe S. 102).

◊ Geröstete Haselnüsse, Mehl und Zucker in einer Küchenmaschine zu feinen Teigstreuseln verarbeiten, die Butterstückchen hinzufügen und ebenfalls verarbeiten. Den Teig in die vorbereitete Auflaufform geben, gleichmäßig über den Boden verteilen und 20–25 Minuten backen, bis die Streusel leicht gebräunt sind. Auflaufform auf einem Kuchengitter vollständig abkühlen lassen.

◊ Zucker, Salz und Kakao in einen Topf geben, nach und nach Wasser unterrühren und die glatte Mischung bei mittlerer Hitze köcheln lassen, bis der Zucker vollständig aufgelöst ist. Anschließend vom Herd nehmen, die Butter unterrühren und zerlassen und 5 Minuten abkühlen lassen. Dann Vanillearoma und Eier dazugeben und das Ganze über den gebackenen Boden verteilen.

◊ Boden und Belag 20 Minuten backen, bis der Belag fest ist. Auflaufform auf einem Kuchengitter vollständig abkühlen lassen, Boden mit Hilfe der Aluminiumfolie aus der Form nehmen und auf einem Brett in 2,5 cm große Riegel schneiden; anschließend mit Puderzucker bestäuben.

Brownies mit Schokoladenglasur

OBEN UND UNTEN

ERGIBT UNGEFÄHR 24 STÜCK

Die klassischen amerikanischen Brownies enthalten sehr viele Walnüsse. Die Schokoladenglasur verwandelt die Brownies in ein edles Konfekt.

ZUTATEN

- ◊ 115 g Zartbitter-Schokolade, gehackt
- ◊ 185 g Butter oder Margarine, in Stücke geschnitten
- ◊ 440 g Zucker
- ◊ 3 Eier
- ◊ 1 TL Vanillearoma
- ◊ 185 g Pekan- oder Walnüsse, gehackt
- ◊ 225 g Schokostreusel (nach Wunsch)
- ◊ 115 g Weizenmehl

SCHOKOLADENGLASUR

- ◊ 185 g Zartbitter-Schokolade, gehackt
- ◊ 120 ml Crème fraîche
- ◊ 2 EL Butter, in Stücke geschnitten
- ◊ 1 TL Vanillearoma
- ◊ 24 Pekan- oder Walnußhälften zum Dekorieren

◊ Backofen auf 180 °C vorheizen. Ein 35,5 × 24 cm großes Backblech vorbereiten (siehe Tip). Schokolade und Butter unter ständigem Rühren im Wasserbad schmelzen, vom Herd nehmen und den Zucker hinzufügen. Die Eier nacheinander sorgfältig unterrühren. Vanillearoma, Nüsse und Schokostreusel dazugeben und bei niedrigster Stufe das Mehl vorsichtig unterheben. Den Teig auf das vorbereitete Backblech geben.

◊ Brownies 30–35 Minuten backen, bis an einem in die Mitte des Gebäcks gesteckten Holzstäbchen beim Herausziehen kein Teig mehr haftet. Backblech auf einem Kuchengitter vollständig abkühlen lassen. Schokolade und Crème fraîche unter ständigem Rühren im Wasserbad schmelzen, vom Herd nehmen und etwas abkühlen lassen, dann Butter und Vanillearoma unterrühren. 24 Pekannußhälften zur Hälfte in die Glasur tauchen und auf ein mit Butterbrotpapier ausgelegtes Backblech legen. Die restliche Glasur abkühlen lassen, bis sie andickt.

◊ Brownies mit Hilfe der Aluminiumfolie vom Blech nehmen, auf ein Brett stürzen und mit Glasur bestreichen; anschließend mindestens 1 Stunde in den Kühlschrank stellen. Brownies mit einem scharfen Messer in 24 Quadrate schneiden, jeweils eine Pekannußhälfte fest in die Mitte des Gebäcks drücken und in luftdicht verschlossenen Dosen aufbewahren, jedoch nicht stapeln.

VARIANTE

Sie können die Brownies auch unglasiert servieren: Vor dem Schneiden müssen Sie die Brownies dann 1 Stunde in den Kühlschrank stellen und nach Wunsch mit Kakao oder Puderzucker bestäuben.

TIP

VORBEREITUNG VON BACKBLECHEN

Einen Bogen Aluminiumfolie über die Rückseite eines Backblechs legen und sorgfältig um die Ecken führen. Die Folie wieder entfernen, das Backblech umdrehen und die Folie auf das Blech legen, dabei alle Seiten und Ecken glattstreichen. Anschließend die Folie leicht einfetten.

Schokoladenkuchen mit Macadamianüssen

OHNE ABBILDUNG

ERGIBT UNGEFÄHR 16 STÜCK

Dieses Gebäck zeichnet sich durch seinen zarten Karamelgeschmack aus. Der Belag aus Schokolade und Nüssen ist leicht herzustellen.

ZUTATEN

- ◊ 115 g Butter, zerlassen
- ◊ 280 g brauner Zucker
- ◊ 2 Eier
- ◊ 1 TL Vanillearoma
- ◊ 185 g Weizenmehl
- ◊ 2 TL Backpulver
- ◊ 1/2 TL Salz
- ◊ 225 g Schokostreusel (nach Wunsch)
- ◊ 185 g Vollmilchschokolade, gehackt
- ◊ 115 g Macadamianüsse, gehackt

◊ Backofen auf 180 °C vorheizen. Eine 24 cm große Springbodenform leicht einfetten und mit Mehl bestäuben. Mit dem elektrischen Handrührgerät Butter, Zucker, Eier und Vanillearoma in einer großen Schüssel sorgfältig verrühren. Bei niedrigster Stufe Mehl, Backpulver und Salz dazugeben und die Schokostreusel hinzufügen.

◊ Den Teig in die Springbodenform geben, gleichmäßig verteilen und 30 Minuten backen, bis an einem in die Mitte des Gebäcks gesteckten Holzstäbchen beim Herausziehen nur noch wenige Krümel haften. Springbodenform auf ein Kuchengitter stellen, gehackte Schokolade über den Kuchen streuen und 1 Minute backen, bis die Schokolade weich ist und mit der Rückseite eines Löffels gleichmäßig verteilt werden kann. Die Nüsse über die Schokolade streuen und mit einem sauberen Löffel leicht in die Schokoladenschicht drücken. Den Kuchen vollständig abkühlen lassen und dann in den Kühlschrank stellen, bis die Schokolade fest ist.

◊ Den Kuchen entlang der Backform mit einem Messer lösen, den Verschluß der Springbodenform öffnen, die Form entfernen und den Kuchen in Tortenstücke schneiden. Die Stücke in luftdicht verschlossenen Dosen aufbewahren, jedoch nicht stapeln.

Macadamiahappen

OHNE ABBILDUNG

ERGIBT UNGEFÄHR 30 STÜCK

ZUTATEN

AHORNSIRUP-BODEN

- ◊ 115 g weiche Butter
- ◊ 115 g Zucker
- ◊ 1 Ei
- ◊ 1 EL Ahornsirup
- ◊ 185 g Weizenmehl

NUSSBELAG

- ◊ 185 g brauner Zucker
- ◊ 50 g Butter
- ◊ 50 ml Schlagsahne
- ◊ 3 EL heller Sirup
- ◊ 3 EL Ahornsirup
- ◊ 225 g ungesalzene Macadamianüsse

◊ Ein 35,5 × 24 cm großes Backblech vorbereiten (siehe S. 102). Mit dem elektrischen Handrührgerät Butter und Zucker in einer großen Schüssel 1–2 Minuten schaumig schlagen, bis die Mischung locker und luftig ist. Ahornsirup und Ei hinzufügen und bei niedrigster Stufe das Mehl vorsichtig unterrühren. Den Teig zwischen 2 Bögen Butterbrotpapier zu einem 39 × 26 cm großen Rechteck ausrollen, auf ein zweites Backblech schieben und 10 Minuten in den Kühlschrank stellen.

◊ Backofen auf 180 °C vorheizen. Den oberen Bogen Butterbrotpapier abziehen und den Teig auf das vorbereitete Backblech stürzen. Anschließend den zweiten Bogen Papier abziehen, den Teig gleichmäßig über den Boden und die Ränder verteilen und mehrmals mit einer Gabel einstechen. Den Teig mit einem Bogen Backpapier oder Aluminiumfolie auslegen, mit getrockneten Erbsen füllen und 15 Minuten backen; dann Erbsen und Folie oder Papier entfernen und den Boden 5–7 Minuten backen, bis er goldbraun und fest ist. Backblech abkühlen lassen.

◊ Zucker, Butter, Sahne, Sirup und Ahornsirup in einem Topf mit schwerem Boden bei mittlerer Hitze unter ständigem Rühren zum Kochen bringen, bis der Zucker aufgelöst ist und 1 weitere Minute köcheln lassen (dabei nicht rühren). Den Topf vom Herd nehmen, die Nüsse unterrühren und die Mischung über den Teigboden verteilen.

◊ Boden und Belag 10 Minuten backen, bis der Belag andickt und Blasen wirft. Backblech auf einem Kuchengitter abkühlen lassen, Boden und Belag mit Hilfe der Aluminiumfolie vom Blech nehmen, die Folie abziehen und auf einem Brett in 5 × 4 cm große Riegel schneiden.

MARSHMALLOW-SCHNITTEN

OBEN UND UNTEN

ERGIBT UNGEFÄHR 12 STÜCK

ZUTATEN

- ◊ 220 g Weizenmehl
- ◊ 30 g Kakao
- ◊ 1 TL Natron
- ◊ 1/2 TL Salz
- ◊ 225 g weiche Butter
- ◊ 185 g brauner Zucker
- ◊ 2 Eier, leicht geschlagen
- ◊ 1 TL Vanillearoma
- ◊ 50 g Kokosraspel
- ◊ 725 g Schokostreusel
- ◊ 115 g ganze Mandeln, abgezogen und grobgehackt
- ◊ 50 g Marshmallows, in kleine Stücke geschnitten
- ◊ Puderzucker zum Bestäuben

◊ Backofen auf 180 °C vorheizen. Ein 35,5 × 24 cm großes Backblech vorbereiten (siehe S. 102).

◊ Mehl, Kakao, Natron und Salz in eine Schüssel geben. Mit dem Handrührgerät Butter und Zucker in einer großen Schüssel 1–2 Minuten schaumig schlagen, bis die Mischung locker und luftig ist. Vanillearoma und Ei hinzufügen und bei niedrigster Stufe die Mehl-Kakao-Mischung vorsichtig unterrühren. Anschließend Kokosraspel , 500 g Schokostreusel und gehackte Mandeln hinzufügen.

◊ Den Teig auf das vorbereitete Backblech geben, gleichmäßig über den Boden verteilen und 15–17 Minuten backen, bis er fest, aber in der Mitte noch feucht ist. Backblech aus dem Ofen nehmen, mit den restlichen Schokostreuseln und den Marshmallows bestreuen und 4 Minuten backen, bis die Schokostreusel und die Marshmallows weich werden und miteinander verschmelzen.

◊ Backblech 10 Minuten abkühlen lassen. Boden und Belag mit Hilfe der Aluminiumfolie vom Blech nehmen, die Folie abziehen und noch warm auf einem Brett in Quadrate schneiden. Die Marshmallowschnitten auf einem Kuchengitter vollständig abkühlen lassen, mit Puderzucker bestäuben und in luftdicht verschlossenen Dosen aufbewahren.

Shortbread

OBEN UND UNTEN

ERGIBT UNGEFÄHR 16 GROSSE BZW. 32 KLEINE STÜCKE

Dieser englische Butterkuchen aus Butter, Zucker und Mehl paßt hervorragend zu einer Tasse Tee.

ZUTATEN

- ◊ 45 g Puderzucker
- ◊ 45 g Zucker
- ◊ 1/4 TL Salz
- ◊ 315 g weiche Butter
- ◊ 315 g Weizenmehl

◊ Backofen auf 140 °C vorheizen. Puderzucker in eine große Schüssel geben, Zucker und Salz hinzufügen, dann die Butter dazugeben und mit dem Handrührgerät Butter und Zucker 1–2 Minuten schaumig schlagen, bis die Mischung locker und luftig ist. Bei niedrigster Stufe das Mehl vorsichtig unterrühren und den Teig auf einer leicht bemehlten Arbeitsfläche kurz durchkneten.

◊ Den Teig in zwei 22 cm große Springformen geben, gleichmäßig über den Boden verteilen, am Rand mit einer Gabel wellenförmig verzieren und in den gesamten Boden mehrmals einstechen. (Auf diese Weise geht der Kuchen gleichmäßig auf und erhält sein traditionelles Muster.) Den Butterkuchen 1 Stunde backen, bis er fest, aber noch hell ist. Nach der Hälfte der Backzeit die Backformen tauschen und drehen (von oben nach unten, von vorne nach hinten). Backformen auf einem Kuchengitter 10 Minuten abkühlen lassen.

◊ Den Verschluß der Springbodenform öffnen, die Form vorsichtig entfernen und den Boden der Form auf eine hitzebeständige Arbeitsfläche stellen. Butterkuchen in 8 große oder 16 schmale Tortenstücke schneiden, solange der Kuchen noch warm und weich ist, da er sonst zerbricht. Die Kuchenstücke samt Backformboden auf einem Kuchengitter vollständig abkühlen lassen und in luftdicht verschlossenen Dosen aufbewahren.

TIP

Sie können den Butterkuchen auch mit Reismehl backen, das in Delikatessengeschäften und Reformhäusern erhältlich ist. Wenn Sie einen Teil des Weizenmehls (ein Viertel der gesamten Mehlmenge) durch Reismehl ersetzen, wird der Butterkuchen noch mürber.

FRUCHT-RIEGEL

OHNE ABBILDUNG

ERGIBT UNGEFÄHR 24 STÜCK

Dieses Rezept stammt aus den amerikanischen Südstaaten. Sie können das Rezept mit getrockneten Früchten und Nüssen Ihrer Wahl variieren.

ZUTATEN

- ◊ 115 g Weizenmehl
- ◊ 1 1/2 TL Natron
- ◊ 1/2 TL Weinstein
- ◊ 1 TL Zimt
- ◊ 1/2 TL Muskat
- ◊ 1/2 TL Gewürznelken
- ◊ 1/4 TL Muskatblüte
- ◊ 1/4 TL Piment
- ◊ 90 g Rosinen
- ◊ 115 g Datteln, entsteint und gehackt
- ◊ 105 g getrocknete Aprikosen, gehackt
- ◊ 115 g weiche Butter oder Margarine
- ◊ 115 g Zucker
- ◊ 2 Eier, leicht geschlagen
- ◊ 185 g Melasse
- ◊ 115 g Pekan-, Wal- oder Haselnüsse
- ◊ Puderzucker zum Bestäuben

◊ Backofen auf 180 °C vorheizen. Ein 35,5 × 24 cm großes Backblech vorbereiten (siehe S. 102). Mehl, Natron, Weinstein, Zimt, Muskat, Gewürznelken, Muskatblüte und Piment in eine Schüssel geben. Die Früchte in einer anderen Schüssel mit einem Viertel der Mehlmischung bestäuben und sorgfältig verrühren.

◊ Mit dem Handrührgerät Butter und Zucker in einer großen Schüssel 1–2 Minuten schaumig schlagen, bis die Mischung locker und luftig ist. Melasse und Eier hinzufügen und bei niedrigster Stufe die Mehl-Gewürz-Mischung vorsichtig unterrühren. Anschließend die bemehlten Früchte sowie die Nüsse dazugeben. Den Teig auf das vorbereitete Backblech geben und 17–20 Minuten backen, bis er gerade fest ist. Backblech auf einem Kuchengitter vollständig abkühlen lassen, die Folie abziehen, das Gebäck in Riegel schneiden und mit Puderzucker bestäuben.

ZITRONEN-SCHNITTEN

OBEN UND UNTEN

ERGIBT UNGEFÄHR 30 STÜCK

Diese Schnitten mit ihrer Kombination aus Butterkuchen und Zitronenbelag sind leicht zuzubereiten.

ZUTATEN

BUTTERKUCHEN-BODEN

- ◊ 185 g Weizenmehl
- ◊ 90 g Puderzucker
- ◊ 1/2 TL Salz
- ◊ 185 g kalte Butter, in kleine Stücke geschnitten
- ◊ 1 TL geriebene Zitronenschale (nach Wunsch)

ZITRONENBELAG

- ◊ 4 Eier
- ◊ 280 g Zucker
- ◊ geriebene Schale von 1 Zitrone
- ◊ 120 ml Zitronensaft, frischgepreßt
- ◊ 175 ml Crème fraîche
- ◊ Puderzucker zum Bestäuben

◊ Backofen auf 160 °C vorheizen. Ein 35,5 × 24 cm großes Backblech vorbereiten (siehe S. 102). Mehl, Zucker und Salz in eine Schüssel geben, Butterstückchen und Zitronenschale hinzufügen und durchkneten, bis grobe Teigstreusel entstehen.

◊ Die Teigstreusel auf das vorbereitete Backblech geben, gleichmäßig über den Boden verteilen und 20 Minuten backen, bis der Boden leicht gebräunt ist. Backblech etwas abkühlen lassen.

◊ Mit dem Handrührgerät Eier und Zucker in einer großen Schüssel 3–5 Minuten schaumig schlagen und Zitronenschale sowie Zitronensaft vorsichtig unterrühren.

◊ Crème fraîche in einer anderen Schüssel mit (gespültem!) Handrührgerät schaumig schlagen, die Eimischung in zwei Portionen hinzufügen und den Belag über den Boden verteilen. Boden und Belag 40 Minuten backen, bis der Belag fest ist, und das Backblech auf einem Kuchengitter vollständig abkühlen lassen.

◊ Den Kuchen mit Hilfe der Aluminiumfolie vom Blech nehmen, die Folie abziehen und auf einem Brett in Riegel schneiden. Zitronenschnitten leicht mit Puderzucker bestäuben und in luftdicht verschlossenen Dosen aufbewahren, jedoch nicht stapeln.

Cashew-Mandel-Gebäck mit Karamelglasur

LINKS UND UNTEN

ERGIBT UNGEFÄHR 36 STÜCK

Diese köstlichen Quadrate mit Belag aus karamelisiertem Honig und Nüssen sind nichts für Kalorienbewußte.

ZUTATEN

BODEN

- ◊ 375 g Weizenmehl
- ◊ 50 g Maisstärke (Mondamin)
- ◊ 1/2 TL Salz
- ◊ 375 g weiche Butter
- ◊ 155 g Zucker
- ◊ geriebene Schale von 1 Zitrone

KARAMEL-NUSS-BELAG

- ◊ 155 g Butter
- ◊ 90 g brauner Zucker
- ◊ 185 g klarer Honig
- ◊ 225 g gesalzene Cashewnüsse, leicht geröstet und grobgehackt
- ◊ 115 g ganze Mandeln, geröstet und grobgehackt
- ◊ 2 1/2 EL Schlagsahne

◊ Ein 35,5 × 24 cm großes Backblech vorbereiten (siehe S. 102). Mehl, Maisstärke und Salz in eine Schüssel geben. Mit dem elektrischen Handrührgerät Butter, Zucker und Zitronenschale in einer großen Schüssel 1–2 Minuten schaumig schlagen, bis die Mischung locker und luftig ist. Bei niedrigster Stufe die Mehlmischung sorgfältig unterrühren, bis ein weicher Teig entsteht. Den Teig 10 Minuten in den Kühlschrank stellen.

◊ Teig auf einen großen Bogen Butterbrotpapier geben und zu einem Rechteck verteilen; mit einem zweiten Bogen Papier abdecken und zu einem 39 × 26 cm großen Rechteck ausrollen. Den Teig auf ein zweites Backblech geben und 10 Minuten in den Kühlschrank stellen.

◊ Den oberen Bogen Butterbrotpapier abziehen und den Teig auf das vorbereitete Backblech stürzen. Anschließend den zweiten Bogen Papier abziehen, den Teig gleichmäßig über den Boden und die Ränder verteilen und mehrmals mit einer Gabel einstechen. Den Boden 30 Minuten backen, bis er leicht gebräunt ist. Nach der Hälfte der Backzeit das Backblech drehen und den Boden erneut mit einer Gabel einstechen, falls das Gebäck aufgeht. Backblech abkühlen lassen.

◊ Butter, Zucker und Honig in einem Topf bei mittlerer Hitze unter ständigem Rühren zum Kochen bringen, bis der Zucker aufgelöst ist, und 1 weitere Minute köcheln lassen (dabei nicht rühren). Den Topf vom Herd nehmen und Nüsse, Mandeln und Sahne sorgfältig unterrühren. Die Mischung gleichmäßig über den Teigboden verteilen und Boden und Belag 20 Minuten backen, bis der Belag klebrig wird und Blasen wirft. Backblech abkühlen lassen, Boden und Belag mit Hilfe der Aluminiumfolie vom Blech nehmen, die Folie abziehen und auf einem Brett in 4 cm große Quadrate schneiden.

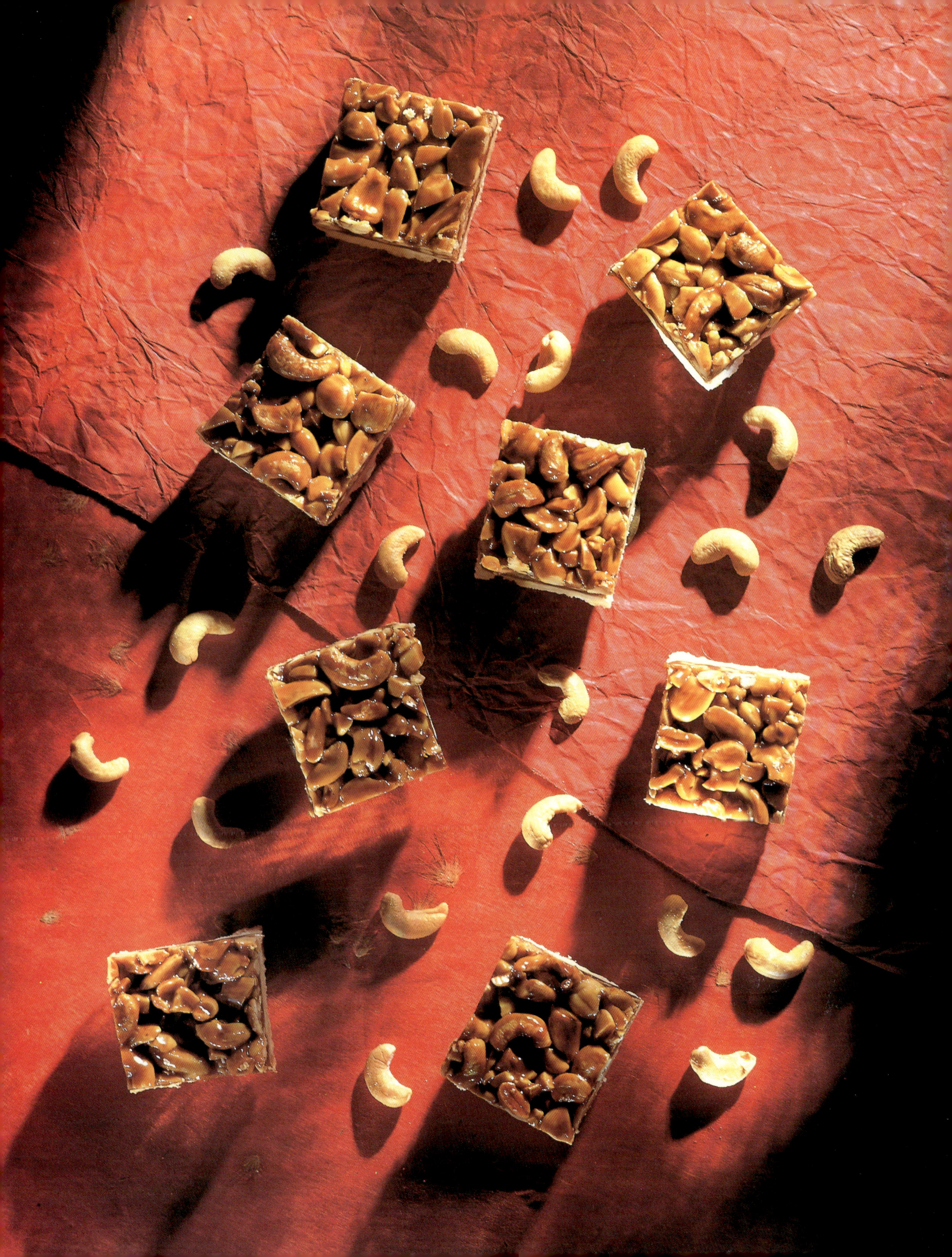

Baiserschnitten

LINKS UND RECHTS

ERGIBT UNGEFÄHR
12 STÜCK

Die saftigen Schnitten bestehen aus einer wunderbaren Sahnekaramelschicht und einem sanft schimmernden Baiser-Nuß-Belag.

ZUTATEN

BODEN

- ◊ 50 g Butter
- ◊ 185 g brauner Zucker
- ◊ 1 Ei
- ◊ 1 TL Vanillearoma
- ◊ 50 g Weizenmehl
- ◊ 1 TL Zimt
- ◊ 1/2 TL Salz

BAISERBELAG

- ◊ 1 Eiweiß
- ◊ 1/8 TL Weinstein
- ◊ 1 EL Maisstärke (Mondamin)
- ◊ 105 g Zucker
- ◊ 115 g Walnüsse, gehackt

◊ Butter und Zucker in einem Topf bei mittlerer Hitze unter ständigem Rühren 3–5 Minuten köcheln lassen, bis der Zucker aufgelöst ist, dann abkühlen lassen. Mehl, Zimt und Salz in eine Schüssel geben.

◊ Backofen auf 180 °C vorheizen. Eine 21 × 21 cm große Auflaufform vorbereiten (siehe S. 102).

◊ Vanillearoma und Ei sorgfältig unter die abgekühlte Buttermischung rühren, die Mehlmischung vorsichtig hinzufügen und den Teig in die vorbereitete Auflaufform geben und gleichmäßig verteilen.

◊ Mit dem elektrischen Handrührgerät Eiweiß in einer großen Schüssel schaumig schlagen. Weinstein hinzufügen und das Eiweiß steif schlagen. Maisstärke und dann den Zucker löffelweise nach und nach unter das Eiweiß schlagen, bis der Eischnee steif ist und glänzt. Die Hälfte der Nüsse unterheben und die Mischung gleichmäßig über den Boden verteilen, anschließend mit den restlichen Nüssen bestreuen.

◊ Boden und Belag 30 Minuten backen, bis der Belag goldbraun und aufgegangen ist. Backblech auf einem Kuchengitter abkühlen lassen und Boden und Belag mit Hilfe der Aluminiumfolie vom Blech nehmen, die Folie abziehen und auf einem Brett in Riegel schneiden.

Englisches Hafergebäck

OHNE ABBILDUNG

ERGIBT UNGEFÄHR 8–16 STÜCK

Dieses süße und saftige Gebäck wird aus braunem Zucker oder Melasse und Haferflocken hergestellt.

ZUTATEN

- ◊ 50 g Butter
- ◊ 1 1/2 EL dunkler Sirup
- ◊ 50 g brauner Zucker
- ◊ 155 g Vollkorn-Haferflocken
- ◊ 50 g Pekan-, Wal- oder Haselnüsse, gehackt
- ◊ 1/4 TL Salz

◊ Backofen auf 180 °C vorheizen. Eine 22 cm große Springform mit Aluminiumfolie oder Backpapier auslegen und die Folie bzw. das Papier leicht einfetten. Butter, Sirup und Zucker in einem Topf bei mittlerer Hitze 2–3 Minuten zerlassen und sorgfältig verrühren, vom Herd nehmen und Haferflocken, gehackte Nüsse und Salz hinzufügen. Den Teig in die vorbereitete Backform geben und gleichmäßig verteilen.

◊ Den Teig 20–25 Minuten backen, bis er goldbraun und knusprig ist. Backblech auf einem Kuchengitter 5–10 Minuten abkühlen lassen, das Gebäck auf ein Brett stürzen, die Folie abziehen und noch warm in 8 oder 16 Tortenstücke schneiden. Die Stücke abkühlen lassen und in luftdicht verschlossenen Dosen aufbewahren.

Zitronen-Käse-kuchen-Schnitten

OBEN UND UNTEN

ERGIBT UNGEFÄHR 12 STÜCK

ZUTATEN

PEKANNUSSBODEN

- ◊ 115 g Weizenmehl
- ◊ 50 g Pekannüsse, feingehackt
- ◊ 50 g brauner Zucker
- ◊ 90 g weiche Butter

KÄSEKUCHEN-BELAG

- ◊ 225 g Sahnequark, glattgerührt
- ◊ 50 g Zucker
- ◊ 1 EL saure Sahne
- ◊ geriebene Schale von 1 Zitrone
- ◊ 1 EL Zitronensaft
- ◊ 1 TL Vanillearoma
- ◊ 1 Ei
- ◊ 50 g Pekannüsse, feingehackt
- ◊ Puderzucker zum Bestäuben und geriebene Zitronenschale zum Dekorieren

◊ Backofen auf 180 °C vorheizen. Ein 23 × 23 cm großes Backblech vorbereiten (siehe S. 102). Mehl, gehackte Pekannüsse und Zucker in eine Schüssel geben, Butter hinzufügen und mit Händen durchkneten, bis grobe Teigstreusel entstehen. Die Teigstreusel auf das vorbereitete Backblech geben, gleichmäßig über den Boden verteilen und etwa 12–15 Minuten backen, bis der Boden goldbraun ist. Backblech auf einem Kuchengitter etwas abkühlen lassen.

◊ Mit dem Handrührgerät Sahnequark und Zucker in einer Schüssel 1–2 Minuten schaumig schlagen. Saure Sahne, Zitronenschale und Zitronensaft sowie Vanillearoma und Ei unterrühren. Die Mischung über den gebackenen Boden geben und mit gehackten Pekannüssen bestreuen.

◊ Den Kuchen 25 Minuten backen, bis er goldbraun und aufgegangen ist. Backblech auf einem Kuchengitter abkühlen lassen, dann 2–3 Stunden in den Kühlschrank stellen. Boden und Belag mit Hilfe der Aluminiumfolie vom Blech nehmen, die Folie abziehen und auf einem Brett mit einem scharfen Messer in 24 Riegel schneiden.

TIP

Sie können statt Zitronen- auch 1 Eßlöffel Orangenschale und 1 Eßlöffel Orangensaft verwenden.

Pekannuss-Sesam-Schnitten

OHNE ABBILDUNG

ERGIBT UNGEFÄHR 36 STÜCK

ZUTATEN

SESAMBODEN
◊ 115 g weiche Butter
◊ 90 g brauner Zucker
◊ 1 TL Sesamöl (nach Wunsch)
◊ 115 g Weizenmehl
◊ 50 g Sesamkörner, geröstet

PEKANNUSSBELAG
◊ 2 Eier
◊ 185 g brauner Zucker
◊ 1 TL Vanillearoma
◊ 2 EL Weizenmehl
◊ 1 TL Backpulver
◊ 1/2 TL Salz
◊ 185 g Pekannüsse, gehackt
◊ 110 g Kokosraspel
◊ 2–3 EL Sesamkörner zum Bestreuen

◊ Backofen auf 190 °C vorheizen. Ein 35,5 × 24 cm großes Backblech leicht einfetten. Mit dem Handrührgerät Butter, Zucker und Sesamöl in einer großen Schüssel 1–2 Minuten schaumig schlagen, bis die Mischung locker und luftig ist. Bei niedrigster Stufe Mehl und Sesamkörner unterrühren, bis ein weicher Teig entsteht. Den Teig auf das vorbereitete Backblech geben, gleichmäßig verteilen und 10 Minuten backen.

◊ In der Zwischenzeit den Belag vorbereiten: Mit dem Handrührgerät Eier, Zucker, Vanillearoma, Mehl, Backpulver und Salz in einer großen Schüssel 1–2 Minuten schaumig schlagen, bis die Mischung locker und luftig ist. Anschließend Pekannüsse und Kokosraspel unterrühren. Backblech aus dem Herd nehmen, die Eier-Pekannuß-Mischung über den Boden geben, mit Sesamkörnern bestreuen und 15–20 Minuten goldbraun backen.

◊ Das Gebäck entlang der Backform mit einem Messer lösen und vorsichtig auf ein Küchenbrett legen. Boden und Belag mit einem scharfen Messer in 4 cm große Riegel schneiden.

TIP

Wenn sich der Boden nur schwer vom Blech lösen läßt, den Kuchen in Riegel oder Stücke schneiden und auf dem Backblech aufbewahren, das Gebäck mit Klarsicht- oder Aluminiumfolie abdecken.

Schokoladen-Erdnussbutter-Riegel

OHNE ABBILDUNG

ERGIBT UNGEFÄHR 24 STÜCK

ZUTATEN

◊ 115 g Erdnußbutter (nach Wunsch mit Stückchen), glattgestrichen
◊ 90 g weiche Butter
◊ 225 g Zucker
◊ 3 Eier
◊ 1 TL Vanillearoma
◊ 115 g Weizenmehl
◊ 225 g Schokostreusel
◊ 115 g gesalzene Erdnüsse, gehackt

GLASUR
◊ 185 g Zartbitter-Schokolade, gehackt
◊ 2 EL Erdnußbutter
◊ 2 EL Butter
◊ 2 EL heller Sirup
◊ 1 TL Vanillearoma

◊ Backofen auf 180 °C vorheizen. Ein 35,5 × 24 cm großes Backblech vorbereiten (siehe S. 102). Mit dem Handrührgerät Erdnußbutter und Butter in einer großen Schüssel 1–2 Minuten schaumig schlagen, bis die Mischung glatt und cremig ist. Vanillearoma, Zucker und Eier dazugeben und bei niedrigster Stufe die Mehl-Kakao-Mischung vorsichtig unterrühren. Anschließend Schokostreusel und Erdnüsse hinzufügen, den Teig auf das vorbereitete Backblech geben und gleichmäßig verteilen.

◊ Den Teig 25–30 Minuten backen, bis er an den Rändern goldbraun ist. Backblech vollständig abkühlen lassen. Schokolade, Erdnußbutter, Butter, Sirup und Vanillearoma im Wasserbad unter ständigem Rühren schmelzen, vom Herd nehmen und abkühlen lassen, bis die Mischung etwas andickt; dabei gelegentlich rühren.

◊ Den Kuchen mit Hilfe der Aluminiumfolie vom Blech nehmen, auf ein Kuchenbrett stürzen und die Folie abziehen. Anschließend mit der Schokoladenglasur bestreichen und 1 Stunde in den Kühlschrank stellen. Schokoladen-Erdnußbutter-Kuchen mit einem scharfen Messer in 48 je 4 cm lange Riegel schneiden und in luftdicht verschlossenen Dosen mit einem Stück Butterbrotpapier zwischen den einzelnen Lagen im Kühlschrank aufbewahren.

Schokostreusel-Butterkuchen

LINKS UND RECHTS

ERGIBT UNGEFÄHR 32 STÜCK

Dieser Butterkuchen mit Schokostreuseln und feingemahlenen Pekannüssen ist leicht herzustellen.

ZUTATEN

- ◊ 115 g Pekannüsse, geröstet und abgekühlt
- ◊ 220 g Weizenmehl
- ◊ 30 g Maisstärke (Mondamin)
- ◊ 90 g Puderzucker
- ◊ 1/4 TL Salz
- ◊ 225 g weiche Butter
- ◊ 225 g Schokostreusel
- ◊ 45 g Zartbitter-Schokolade, im Wasserbad geschmolzen, als Glasur

TIP

Setzen Sie die Springform auf eine große Dose, bevor Sie den Verschluß öffnen. Auf diese Weise fällt die Form auf die Arbeitsfläche, während der Boden mit dem Kuchen auf der Dose ruht, und der empfindliche Kuchenrand unversehrt bleibt.

◊ Backofen auf 160 °C vorheizen. Zwei 22 cm große Springformen leicht einfetten. Geröstete Pekannüsse in einer Küchenmaschine fein, aber nicht zu lange mahlen, da sonst Mus entsteht. Pekannüsse in eine Schüssel geben.

◊ Mehl, Maisstärke, Puderzucker und Salz in die Schüssel mit den Pekannüssen geben und sorgfältig unterrühren. Butter hinzufügen und durchkneten, bis Teigstreusel entstehen, dann die Schokostreusel dazugeben.

◊ Den Teig in die Springformen geben, gleichmäßig verteilen und 20–25 Minuten backen, bis er an den Rändern goldbraun und leicht aufgegangen ist. Backformen auf einem Kuchengitter 5 Minuten abkühlen lassen.

◊ Den Verschluß der Springform öffnen, die Form vorsichtig entfernen und den Boden der Form auf eine hitzebeständige Arbeitsfläche stellen. Den Butterkuchen in 16 schmale Tortenstücke schneiden, solange der Kuchen noch warm und weich ist, da er sonst zerbricht. Die Kuchenstücke samt Backformboden auf einem Kuchengitter vollständig abkühlen lassen.

◊ Die Kuchenstücke mit Hilfe eines Metallspatels vorsichtig auf ein Kuchengitter legen, dabei die Stücke abwechselnd mit der Spitze nach außen arrangieren (siehe Abbildung rechts). Die geschmolzene Schokolade in eine Spritztüte (S. 14) füllen und die Stücke gleichmäßig mit Glasur beträufeln. Den Butterkuchen in luftdicht verschlossenen Dosen mit einem Stück Butterbrotpapier zwischen den einzelnen Lagen aufbewahren.

KAPITEL

7

PLÄTZCHEN für besondere Anlässe

Diese Plätzchen sind etwas schwieriger herzustellen. Es sind zumeist raffiniertere Variationen der bereits vorgestellten Rezepte.

MINCEMEAT-BÄUMCHEN

L I N K S   U N D   R E C H T S

ERGIBT UNGEFÄHR 36 STÜCK

◊ Mehl, Backpulver, Zimt oder Gewürzmischung und Salz in eine Schüssel geben. Mit dem Handrührgerät Butter, Pflanzenschmalz, Eier, Vanillearoma und 1–2 Eßlöffel Weinbrand oder Wasser unterrühren, bis ein fester Teig entsteht (falls der Teig zu fest ist, noch etwas Weinbrand oder Wasser hinzufügen).

◊ Den Teig auf etwas Klarsichtfolie oder Butterbrotpapier geben, mit Hilfe der Folie zu einer runden Scheibe abflachen, fest in Klarsichtfolie hüllen und 2–3 Stunden in den Kühlschrank stellen.

◊ Backofen auf 200 °C vorheizen. Zwei große Backbleche leicht einfetten. Eine Hälfte des Teigs auf einer leicht bemehlten Arbeitsfläche mit einem bemehlten Nudelholz zu einem 2 mm dicken Rechteck ausrollen (die andere Teighälfte im Kühlschrank lassen) und mit bemehlten, 7,5 cm großen Weihnachts-Ausstechformen möglichst viele Plätzchen ausstechen.

◊ Etwa 1 Eßlöffel Mincemeat auf die Hälfte der Plätzchen geben (dabei einen etwa 5 mm großen Rand lassen), mit einem zweiten Plätzchen bedecken und leicht zusammendrücken. Dann auf die vorbereiteten Backbleche geben, dazwischen 2,5 cm Platz lassen, und 10–15 Minuten backen, bis die Plätzchen goldbraun sind. Backbleche auf einem Kuchengitter etwas abkühlen lassen und die Plätzchen vorsichtig auf ein Kuchengitter transportieren und vollständig abkühlen lassen. Den restlichen Teig und das restliche Mincemeat auf die gleiche Weise verarbeiten.

◊ Puderzucker und Weinstein in eine Schüssel geben. Eiweiß und Vanillearoma hinzufügen und mit dem Handrührgerät bei höchster Stufe solange schlagen, bis der Eischnee schnittfest ist. (Falls die Glasur zu dünn ist, noch etwas Zucker dazugeben; zu dicke Glasur mit einigen Tropfen Wasser verdünnen.) Die Schüssel mit Klarsichtfolie abdecken, damit die Glasur nicht antrocknet; Glasur in eine Spritztüte (S. 14) füllen, verschiedene Muster auf die Plätzchen spritzen und mit einigen Liebesperlen als Christbaumkugeln verzieren. Die Plätzchen bei Zimmertemperatur 1–2 Stunden ruhen lassen, bis die Glasur fest ist.

ZUTATEN

◊ 225 g Weizenmehl
◊ 50 g Vollkorn-Weizenmehl
◊ 1 TL Backpulver
◊ 1/2 TL Zimt oder Gewürzmischung (Zimt, Koriander, Nelken, Piment, Muskat und Ingwer)
◊ 1/2 TL Salz
◊ 185 g weiche Butter
◊ 185 g weiches Pflanzenschmalz
◊ 2 Eier
◊ 1 TL Vanillearoma
◊ 2–3 EL Weinbrand oder Wasser
◊ 225 g Mincemeat (Pastetefüllung aus Früchten, Rindernierenfett, Rinderfilet, Zucker und Rum)

ZUCKERGUSS

◊ 225 g Puderzucker
◊ 1/4 TL Weinstein
◊ 1 Eiweiß
◊ 1/2 TL Vanillearoma
◊ Liebesperlen zum Dekorieren

Löffelbiskuit

OHNE ABBILDUNG

ERGIBT UNGEFÄHR 36 STÜCK

Diese klassischen französischen Biskuitplätzchen werden in England mit Pudding gegessen, während sie in Frankreich zu Champagner gereicht werden!

ZUTATEN

- ◊ 90 g Weizenmehl, zweimal gesiebt
- ◊ 4 Eier, Eiweiß und Eigelb getrennt
- ◊ 155 g Zucker
- ◊ 1 TL Vanillearoma
- ◊ 1/8 TL Weinstein
- ◊ Puderzucker zum Bestäuben

◊ Backofen auf 180 °C vorheizen. Zwei große Backbleche leicht einfetten und mit Mehl bestäuben. Mit dem Handrührgerät Eigelb, 105 g Zucker und Vanillearoma in einer großen Schüssel 5–7 Minuten schaumig schlagen, bis die Mischung sehr dickflüssig und hell ist und schwer vom Löffel fällt. Anschließend das Mehl vorsichtig unterrühren.

◊ Mit (gespültem!) Handrührgerät Eiweiß und Weinstein bei niedrigster Stufe in einer großen Schüssel schaumig schlagen, anschließend das Eiweiß bei höchster Stufe steif schlagen. Den restlichen Zucker löffelweise nach und nach unter das Eiweiß schlagen, bis der Eischnee steif ist und glänzt. Ein Drittel des Eischnees vorsichtig unter die Eigelbmischung heben, dann die Eigelbmischung in drei Arbeitsgängen zum restlichen Eischnee geben.

◊ Den Teig in einen großen Spritzbeutel mit einer glatten Tülle (Ø 1,25 cm) füllen und 9 cm lange Stangen auf die vorbereiteten Backbleche spritzen, dazwischen 4 cm Platz lassen. Teigstangen großzügig mit Puderzucker bestäuben. Die Plätzchen 15 Minuten backen, bis sie goldbraun sind. Löffelbiskuits vorsichtig auf ein Kuchengitter legen und vollständig abkühlen lassen.

> **TIP**
>
> Wenn Sie einen relativ dünnflüssigen Teig in einen großen Spritzbeutel füllen wollen, sollten Sie zuerst die Tülle einsetzen, dann den Beutel etwa 5 cm nach außen umschlagen, die Beutelspitze mehrmals drehen und in die Tülle schieben. Anschließend stellen Sie den Beutel in einen großen Meßzylinder, der den Beutel aufrecht hält, während Sie den Teig einfüllen.

Blätterteig-Gebäck mit Schokoladenglasur

OBEN UND UNTEN

ERGIBT UNGEFÄHR 40 STÜCK

ZUTATEN

- ◊ 50 g Haselnüsse, feingehackt
- ◊ 2 EL Zucker
- ◊ 1/2 TL Zimt
- ◊ Zucker zum Wälzen
- ◊ 1 Ei, leicht geschlagen
- ◊ 225 g frischer oder tiefgefrorener Blätterteig
- ◊ 225 g Zartbitter-Schokolade

◊ Zwei große Backbleche leicht einfetten. Haselnüsse, Zucker und Zimt in eine Schüssel geben und beiseite stellen. Den Blätterteig vierteln, die Arbeitsfläche mit Zucker bestreuen und ein Viertel des Teigs zu einem Rechteck ausrollen. Den Teig mit etwas Ei bestreichen und mit der Nußmischung bestreuen. Die Längsseiten des Teigs nach innen umklappen, so daß sie in der Mitte zusammentreffen. Teig erneut mit Ei bestreichen und Nußmischung bestreuen. Dann die Schmalseiten zur Mitte hin umklappen, so daß 4 Schichten Blätterteig aufeinanderliegen.

◊ Backofen auf 220 °C vorheizen. Den Blätterteig quer in 2,5 cm breite Streifen schneiden, auf die Backbleche geben, dazwischen 5 cm Platz lassen, und zu einer V-Form auseinanderbreiten. Anschließend 15 Minuten in den Kühlschrank stellen. Den Blätterteig 10 Minuten backen, bis er goldbraun ist. Nach der Hälfte der Backzeit das Gebäck wenden. Backbleche auf einem Kuchengitter abkühlen lassen, die Plätzchen vorsichtig auf ein Kuchengitter legen und vollständig abkühlen lassen.

◊ Schokolade unter ständigem Rühren im Wasserbad schmelzen. Das Blätterteiggebäck zur Hälfte in die Glasur tauchen, auf ein mit Butterbrotpapier ausgelegtes Backblech legen und bei Zimmertemperatur abkühlen lassen.

PEKANNUSS-TÖRTCHEN

OBEN UND UNTEN

ERGIBT UNGEFÄHR 24 STÜCK

Diese Törtchen mit karamelisierter Pekannußfüllung stammen aus den amerikanischen Südstaaten.

ZUTATEN

QUARKTEIG

◊ 115 g Weizenmehl
◊ 1 EL Zucker
◊ 1/4 TL Salz
◊ 1/4 TL Muskat
◊ 115 g weiche Butter
◊ 115 g Sahnequark, glattgerührt

PEKANNUSSFÜLLUNG

◊ 1 Ei
◊ 90 g brauner Zucker
◊ 1 TL Vanillearoma
◊ 1 1/2 EL Butter, zerlassen
◊ 50 g Pekannüsse, geröstet und gehackt
◊ 24 Pekannußhälften zum Dekorieren

◊ Zwei Muffinbleche mit je 12 Muffin-Vertiefungen leicht einfetten. Mehl, Backpulver, Zucker, Salz und Muskat in eine Schüssel geben, Butter und Sahnequark hinzufügen und mit den Händen durchkneten, bis ein weicher Teig entsteht. Die Schüssel abdecken und 10 Minuten in den Kühlschrank stellen, bis der Teig gerade fest ist und ausgerollt werden kann.

◊ Den Teig auf einer leicht bemehlten Arbeitsfläche mit einem bemehlten Nudelholz zu einem 1 cm dicken Rechteck ausrollen und mit einer bemehlten, 6,5 cm großen, gewellten Ausstechform 24 Plätzchen ausstechen. Die Muffinvertiefungen mit den Plätzchen vorsichtig auslegen und die Bleche 20–30 Minuten in den Kühlschrank stellen.

◊ Mit dem elektrischen Handrührgerät die Eier in einer großen Schüssel schaumig schlagen und braunen Zucker, Vanillearoma und zerlassene Butter hinzufügen. Die Muffins gleichmäßig mit gehackten Pekannüssen bestreuen, dann etwas Eimischung mit einem Löffel über die Nüsse geben und mit einer Pekannußhälfte verzieren.

◊ Die Törtchen 20 Minuten backen, bis sie goldbraun und aufgegangen sind und die Füllung fest ist. Backblech auf einem Kuchengitter 20–30 Minuten abkühlen lassen und die Törtchen mit einem Messer am Rand lösen und aus der Form nehmen. Die Pekannußtörtchen warm oder kalt servieren und in luftdicht verschlossenen Dosen aufbewahren.

TIP

Sie können natürlich auch geröstete und gehackte Wal-, Hasel- oder Macadamianüsse sowie Pinienkerne für die Füllung verwenden, aber eigentlich gehören zu diesem traditionellen Rezept Pekannüsse.

Zigarrenröllchen mit Weinbrandsahne

LINKS UND UNTEN

ERGIBT UNGEFÄHR 36 STÜCK

Die knusprigen Zigarrenröllchen enthalten eine mit Weinbrand verfeinerte Sahnefüllung und passen hervorragend zum Nachmittagstee.

ZUTATEN

RÖLLCHEN

- ◊ 115 g Butter, in Stücke geschnitten
- ◊ 3 EL heller Sirup
- ◊ 50 g Zucker
- ◊ 45 g brauner Zucker
- ◊ 1 TL Ingwerpulver
- ◊ 2 EL Weinbrand
- ◊ 50 g Weizenmehl

WEINBRAND-CREME

- ◊ 300 ml Schlagsahne
- ◊ 1/2 TL Vanillearoma
- ◊ 2 EL Weinbrand

◊ Backofen auf 180 °C vorheizen. Mindestens zwei große Backbleche einfetten und zwei Holzlöffelstiele leicht einölen. Butter, Sirup, braunen und weißen Zucker sowie Ingwer in einem Topf mit schwerem Boden bei mittlerer Hitze unter ständigem Rühren zum Kochen bringen, bis der Zucker aufgelöst ist. Den Topf vom Herd nehmen und Weinbrand und Mehl unterrühren, bis ein glatter Teig entsteht. Anschließend den Topf in eine flache Schüssel mit heißem Wasser stellen, damit der Teig nicht fest wird.

◊ Höchstens 4 Zigarrenröllchen pro Backblech bereiten: Pro Röllchen 1 Eßlöffel Teig auf die Backbleche geben, dazwischen 15 cm Platz lassen, und mit der Rückseite eines angefeuchteten Löffels zu 7,5 cm großen Teigkreisen abflachen. Anschließend 7–10 Minuten backen, bis sie goldbraun sind und Blasen werfen.

◊ Backblech auf einem Kuchengitter 1 Minute abkühlen lassen, dann eine Ecke eines heißen Plätzchens mit einem Metallspatel vorsichtig lösen und den Teig vom Blech nehmen. Sofort um den geölten Holzlöffelstiel rollen und die einander überlappenden Teigenden einige Sekunden fest zusammendrücken. Auf die gleiche Weise die restlichen Plätzchen verarbeiten. Das Zigarrenröllchen vom Stiel schieben und auf einem Kuchengitter vollständig abkühlen lassen. Falls das Gebäck zum Rollen zu brüchig wird, das Backblech 30 Sekunden zurück in den Backofen stellen, damit der Teig wieder weich wird.

◊ Maximal 2 Stunden vor dem Servieren Sahne, Vanillearoma und Weinbrand mit dem Handrührgerät in einer großen Schüssel steif schlagen, die Weinbrandsahne in einen Spritzbeutel mit einer Sterntülle füllen und die Sahne von beiden Seiten in die Zigarrenröllchen spritzen. Die gefüllten Röllchen auf einem Backblech bis zum Servieren in den Kühlschrank stellen.

VARIANTE

Sie können den Weinbrand und das Vanillearoma auch durch Zitronenaroma ersetzen: Sahne mit 1/2 Teelöffel Zitronenaroma schlagen und 115 g Zitronencreme (siehe S. 122) unterrühren.

TIP

Der Teig für die Zigarrenröllchen läßt sich auch zu »Tulpen« für Eiscreme oder Obstsalate verarbeiten (Anleitung für die Tulpenform siehe S. 121).

TULPEN

OHNE ABBILDUNG

ERGIBT UNGEFÄHR 12 STÜCK

Diese eleganten Tulpenformen ergeben mit einer Füllung aus Eiscreme, Sorbet oder Früchten ein aufsehenerregendes Dessert. Sie benötigen dafür allerdings etwas Erfahrung und Geduld.

ZUTATEN

- ◊ 2 Eiweiß
- ◊ 1/2 TL Vanillearoma oder
- ◊ 1 TL geriebene Zitronenschale
- ◊ 1/4 TL Zitronenaroma
- ◊ 50 g Weizenmehl, gesiebt
- ◊ 105 g Zucker
- ◊ 1/4 TL Salz

◊ Backofen auf 200 °C vorheizen. Zwei Backbleche gut einfetten. Mit dem elektrischen Handrührgerät Eiweiß in einer großen Schüssel schaumig schlagen, Vanille- oder Zitronenaroma, Zitronenschale, Mehl und Salz hinzufügen und schlagen, bis eine glatte Mischung entsteht.

◊ Höchstens 2 Tulpen pro Backblech bereiten: Je 1 Eßlöffel Teig in zwei diagonal entgegengesetzte Ecken des Backblechs geben und mit der Rückseite eines angefeuchteten Löffels zu 10 cm großen Teigkreisen abflachen (die nicht unbedingt perfekt sein müssen).

◊ Die Plätzchen 4–5 Minuten backen, bis sie an den Rändern goldbraun, in der Mitte aber noch hell sind. Backblech aus dem Ofen nehmen, dann eine Ecke eines heißen Plätzchens mit Hilfe eines Metallspatels vorsichtig lösen und den Teig vom Blech nehmen. Sofort gleichmäßig über ein umgedrehtes Puddingförmchen oder ein kleines Glas stülpen und mit den Händen zu einer Tulpenform biegen.

◊ Möglichst schnell das zweite Plätzchen verarbeiten. Plätzchen vom Glas nehmen und auf einem Kuchengitter vollständig abkühlen lassen. Den restlichen Teig auf die gleiche Weise verarbeiten; Backblech gegebenenfalls abkühlen und erneut einfetten. Die Tulpen in luftdicht verschlossenen Dosen aufbewahren, jedoch nicht stapeln.

TIP

Tulpen gegebenenfalls 3 bis 5 Minuten bei 150 °C erneut aufbacken, damit sie wieder knusprig werden.

FRITIERTE FLIEGEN

OBEN

ERGIBT UNGEFÄHR 72 STÜCK

Fritierte Knabbereien haben in zahlreichen Ländern – wie etwa Mexiko, Italien, Spanien und im Nahen Osten – eine alte Tradition.

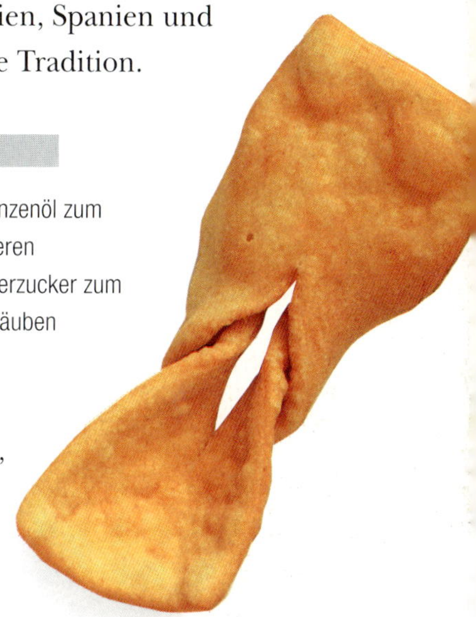

ZUTATEN

- ◊ 3 Eier
- ◊ 120 ml Milch
- ◊ 115 g Zucker
- ◊ 1/2 TL Salz
- ◊ 220 g Weizenmehl
- ◊ Pflanzenöl zum Fritieren
- ◊ Puderzucker zum Bestäuben

◊ Mit dem Handrührgerät Eier, Milch, Zucker und Salz in einer Schüssel verrühren, bei niedrigster Stufe 185 g Mehl unterrühren, dann das restliche Mehl hinzufügen und schlagen, bis ein weicher Teig entsteht. Den Teig auf Klarsichtfolie oder Butterbrotpapier geben, mit Hilfe der Folie zu einer Scheibe abflachen, fest in Klarsichtfolie hüllen und 2–3 Stunden in den Kühlschrank stellen.

◊ Eine Hälfte des Teigs auf einer leicht bemehlten Arbeitsfläche mit einem bemehlten Nudelholz möglichst dünn (maximal 3 mm dick) ausrollen, mit einem scharfen Messer in 10 × 4 cm große Rechtecke schneiden und jedes Plätzchen in der Mitte 2,5 cm lang einschlitzen. Dann ein Teigende vorsichtig durch den Schlitz führen, so daß die Form einer Krawattenfliege entsteht. Den restlichen Teig auf die gleiche Weise verarbeiten. Eine Friteuse oder Pfanne mit hohem Rand etwa 2,5 cm hoch mit Öl füllen und auf 180 °C erhitzen. Maximal 2–3 Fliegen gleichzeitig 1,5 Minuten goldbraun fritieren, mit einem Schaumlöffel auf eine dicke Lage Küchenpapier geben und abtropfen sowie vollständig abkühlen lassen. Fliegen mit Puderzucker bestäuben und möglichst noch am gleichen Tag servieren.

TIP

Sie können die Öltemperatur auch so überprüfen: Einen Brotwürfel mit einer Kantenlänge von etwa 5 mm in das heiße Öl fallen lassen. Wenn er innerhalb von 30–40 Sekunden goldbraun wird, hat das Öl die richtige Temperatur.

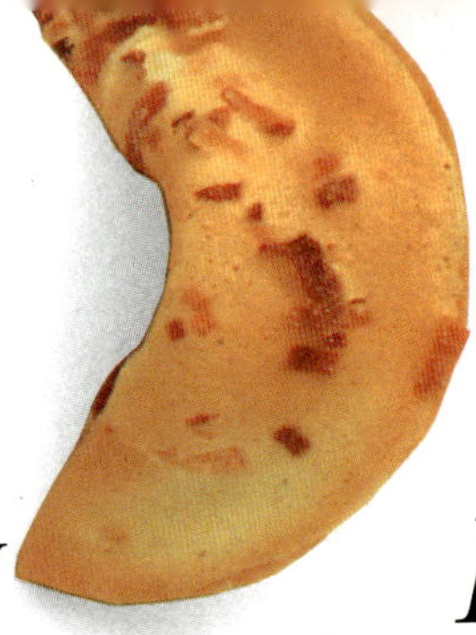

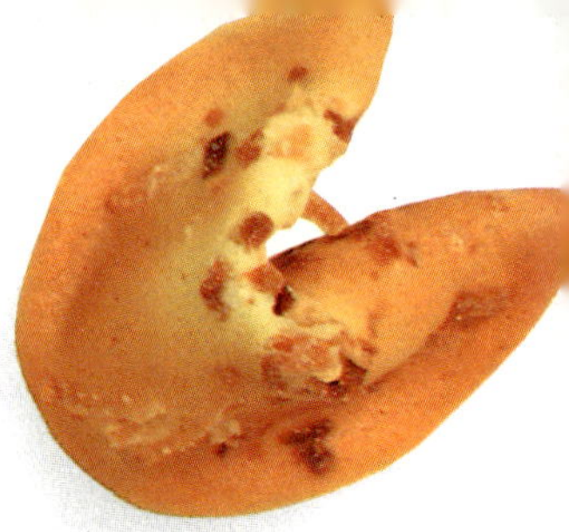

Zitronentörtchen

OHNE ABBILDUNG

ERGIBT UNGEFÄHR 36 STÜCK

Diese kleinen Törtchen bestehen aus einem süßen Biskuitteig, zu dem die Zitronencreme besonders gut schmeckt.

ZUTATEN

BISKUITBODEN

◊ 115 g weiche Butter
◊ 105 g Zucker
◊ 1 Eigelb
◊ 1/2 TL Mandelaroma
◊ 185 g Weizenmehl

ZITRONENCREME

◊ 185 g Zucker
◊ 90 ml Wasser
◊ 30 g Weizenmehl
◊ geriebene Schale und Saft von 1 Zitrone
◊ 1/8 TL Salz
◊ 2 Eier, leicht geschlagen
◊ Zitronenschale zum Dekorieren (nach Wunsch)

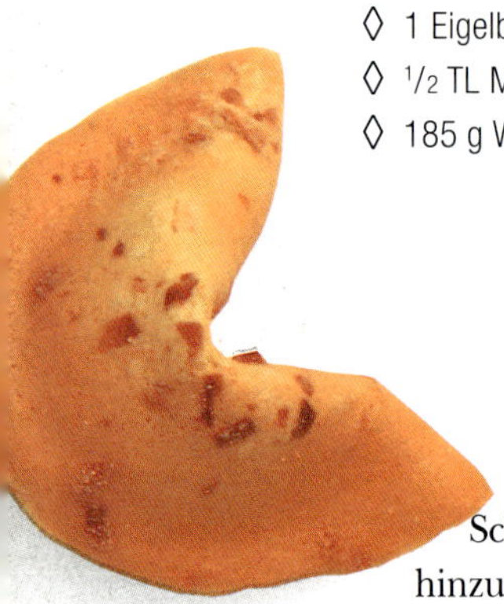

◊ Mit dem Handrührgerät die Butter in einer Schüssel 30 Sekunden schaumig schlagen, Zucker hinzufügen und weitere 1–2 Minuten schlagen, bis die Mischung locker ist. Mandelaroma und Eigelb hinzufügen und bei niedrigster Stufe das Mehl unterrühren, bis ein weicher Teig entsteht. Die Schüssel mit Klarsichtfolie abdekken und in den Kühlschrank stellen, bis der Teig fest ist.

◊ Backofen auf 180 °C vorheizen. Mit einem Teelöffel etwas Teig abstechen und zu 36 je 2 cm großen Kugeln formen. Jeweils eine Teigkugel in eine kleine Obsttortenform geben, gleichmäßig über Boden und Ränder verteilen und mehrmals mit einer Gabel einstechen, damit der Teig keine Blasen wirft. Die Förmchen auf ein Backblech setzen und 15–20 Minuten backen, bis sie gerade goldbraun sind. Förmchen auf einem Kuchengitter 10 Minuten abkühlen lassen; dann die kleinen Tortenböden vorsichtig aus der Form nehmen und vollständig abkühlen lassen.

◊ Für die Zitronencreme Zucker, Wasser, Mehl, Zitronenschale und Zitronensaft sowie Eier und Salz in einem Topf bei mittlerer Hitze 8–10 Minuten erhitzen, bis die Mischung andickt. Dann in eine gekühlte Schüssel füllen und abkühlen lassen; dabei gelegentlich rühren, damit sich keine Haut bildet. Dann die Zitronencreme in den Kühlschrank stellen, bis sie sehr kalt und angedickt ist. Etwa 1 Stunde vor dem Servieren die Zitronencreme in die Törtchen füllen.

Kokos-Glückskekse

LINKS UND OBEN

ERGIBT UNGEFÄHR 36 STÜCK

Sicherlich kennen Sie die chinesischen Glückskekse – diese hier erhalten ihre attraktive Oberflächenstruktur durch ein paar Kokosraspeln.

ZUTATEN

◊ 2 Eiweiß
◊ 50 g Puderzucker, gesiebt
◊ 1 TL Mandelaroma
◊ 2 EL Butter, zerlassen
◊ 45 g Weizenmehl, gesiebt
◊ 30 g Kokosraspel, geröstet und gehackt

◊ Zwei Backbleche einfetten und mit Mehl bestäuben. Mit einem Trinkglas (Ø 7,5 cm) auf jedem Backblech in zwei entgegengesetzten Ecken zwei Kreise markieren (die Plätzchen gehen stark auseinander).

◊ Mit dem Handrührgerät Eiweiß in einer Schüssel schaumig schlagen, Puderzucker, Mandelaroma und zerlassene Butter nach und nach unter das Eiweiß schlagen und bei niedrigster Stufe das Mehl sorgfältig unterrühren, bis ein weicher Teig entsteht. Einen gestrichenen Teelöffel Teig in die Mitte der markierten Kreise auf den Backblechen geben, mit der angefeuchteten Rückseite eines Löffels gleichmäßig über die Kreisfläche verteilen und mit Kokosraspeln bestreuen.

◊ Jeweils nur ein Blech mit zwei Keksen in den Backofen schieben und 5 Minuten backen, bis sie an den Rändern leicht gebräunt sind. Backblech aus dem Ofen nehmen, dann eine Ecke eines heißen Kekses vorsichtig lösen und den Teig vom Blech nehmen. Jeden Keks sofort auf einem Küchenbrett zur Hälfte zusammenklappen und über den Rand eines Glases legen, um ihm die typische Form zu verleihen; 30 Sekunden festhalten. Dann die Kekse auf einem Kuchengitter vollständig abkühlen lassen. Die restlichen Glückskekse auf die gleiche Weise verarbeiten.

Pizzelles

LINKS

ERGIBT UNGEFÄHR 48 STÜCK

Dieses italienische Gebäck sollten Sie in einem runden Waffeleisen mit herzförmigem Muster backen.

ZUTATEN

- ◊ 155 g Weizenmehl
- ◊ 2 TL Backpulver
- ◊ 1/2 TL Salz
- ◊ 3 Eier, leicht geschlagen
- ◊ 185 g Zucker
- ◊ 115 g Butter, zerlassen
- ◊ 4 Tropfen Anisöl oder 2 EL Vanillearoma
- ◊ Puderzucker zum Bestäuben

◊ Das Waffeleisen nach Bedienungsanleitung vorheizen. Mehl, Backpulver und Salz in eine Schüssel geben. In die Mitte der Mehlmischung eine Vertiefung drücken und Eier, Zucker, zerlassene Butter sowie Anisöl oder Vanillearoma hinzufügen. Mit dem elektrischen Handrührgerät die flüssigen Zutaten bei niedrigster Stufe verrühren, dann das Mehl vom Rand her nach und nach unterschlagen, bis ein glatter Teig entsteht (falls der Teig zu dick ist, mit etwas Milch oder Wasser verdünnen).

◊ Etwa zwei Eßlöffel Teig in die Mitte der unteren Waffeleisenform geben und nach Bedienungsanleitung backen.

◊ Sobald der Teig gebacken ist, die Waffel mit Hilfe eines Metallspatels oder einer Gabel am Rand anheben, auf ein Kuchengitter legen und vollständig abkühlen lassen. Den restlichen Teig auf die gleiche Weise verarbeiten. Die Waffelherzen voneinander lösen, die Pizzelles mit Puderzucker bestäuben und in luftdicht verschlossenen Dosen aufbewahren oder im Backofen bei 120 °C warm halten und mit Puderzucker oder Marmelade bzw. Sirup servieren.

TIP

Im Handel sind Waffeleisen in den unterschiedlichsten Formen erhältlich. Beachten Sie jedoch bezüglich Backzeiten und -temperaturen unbedingt die Bedienungsanleitung.

APRIKOSEN-SCHOKOSTREUSEL-RUGELACHS

RECHTS UND UNTEN

ERGIBT UNGEFÄHR 66 STÜCK

Rugelachs sind Plätzchen aus Quarkblätterteig, die mit einer Mohncreme gefüllt werden.

ZUTATEN

- ◊ 225 g Weizenmehl
- ◊ 1/2 TL Salz
- ◊ 115 g weiche Butter
- ◊ 115 g Sahnequark, glattgerührt
- ◊ 50 ml saure Sahne
- ◊ 3 EL Zucker
- ◊ 1 Ei, Eiweiß und Eigelb getrennt
- ◊ 115 g Aprikosenmarmelade
- ◊ 115 g Schokostreusel oder 90 g Zartbitter-Schokolade, gehackt
- ◊ 30 g Mandelblättchen
- ◊ 45 g Zucker

◊ Mehl und Salz in eine Schüssel geben, Butter, Sahnequark, saure Sahne, Zucker und Eigelb hinzufügen und durchkneten, bis ein weicher Teig entsteht. Den Teig zu einer runden Scheibe abflachen, fest in Klarsichtfolie hüllen und 1–2 Stunden in den Kühlschrank stellen.

◊ Backofen auf 180 °C vorheizen. Zwei große Backbleche etwas einfetten. Ein Viertel des Teigs auf einer leicht bemehlten Arbeitsfläche mit einem bemehlten Nudelholz zu einem 3 mm dicken Rechteck ausrollen, einen 25–28 cm großen Teller als Schablone auf den Teig legen und mit einem scharfen Messer am Rand entlang ausschneiden. 3 Eßlöffel Aprikosenmarmelade auf den Teigkreis geben (dabei einen 1,25 cm großen Rand lassen) und mit Schokostreuseln oder gehackter Schokolade bestreuen. Den Teigkreis in 12 oder 16 Tortenstücke schneiden und jedes Stück vom Rand aus aufrollen. Die Rugelachs mit der Spitze nach unten auf ein vorbereitetes Backblech geben, dazwischen 4 cm Platz lassen. Eiweiß und 1 Eßlöffel Wasser in einer kleinen Schüssel schaumig schlagen und alle Plätzchen mit der Mischung bestreichen, anschließend mit ein paar Mandelblättchen und etwas Zucker bestreuen.

◊ Die Rugelachs 20–25 Minuten backen, bis sie goldbraun und aufgegangen sind. Nach der Hälfte der Backzeit das Backblech drehen (von vorne nach hinten). Plätzchen mit einem Metallspatel vorsichtig auf ein Kuchengitter transportieren und vollständig abkühlen lassen.

Ingwer-Florentiner

LINKS UND RECHTS

ERGIBT UNGEFÄHR 30 STÜCK

Florentiner sind im allgemeinen mit einer dunklen Schokoladenglasur überzogen. Einen besonders hübschen Effekt erzielen Sie, wenn Sie einen Teil der Florentiner mit weißer und den anderen mit dunkler Schokolade bestreichen.

ZUTATEN

- ◊ 120 ml Crème fraîche
- ◊ 50 g Butter
- ◊ 105 g Zucker
- ◊ 2 EL Honig
- ◊ 185 g Mandelblättchen
- ◊ 5 EL Weizenmehl
- ◊ geriebene Schale von ½ Zitrone
- ◊ ¾ TL Ingwerpulver
- ◊ 115 g kandierter Ingwer, gewürfelt
- ◊ 115 g Zitronat
- ◊ 115 g Schokostreusel (nach Wunsch)
- ◊ 225 g Zartbitter-Schokolade, im Wasserbad geschmolzen

◊ Backofen auf 180 °C vorheizen. Zwei große beschichtete Backbleche leicht einfetten. Crème fraîche, Butter, Zucker und Honig in einem Topf bei schwacher Hitze verrühren, bis der Zucker vollständig aufgelöst ist; dann die Mischung bei großer Hitze unter ständigem Rühren zum Kochen bringen. Den Topf vom Herd nehmen, Mandeln, Mehl, Zitronenschale und Ingwerpulver sorgfältig unterrühren und gewürfelten Ingwer sowie Zitronat dazugeben.

◊ Pro Plätzchen 1 Teelöffel Teig auf die vorbereiteten Backbleche geben, dazwischen mindestens 7,5 cm Platz lassen, und mit der angefeuchteten Rückseite eines Löffels möglichst dünn abflachen. Anschließend Schokostreusel darübergeben. Die Florentiner 8–10 Minuten backen, bis sie an den Rändern goldbraun sind und Blasen werfen (jedoch weder zu lange im Backofen lassen, da sie schnell verbrennen, noch zu kurz, da die Florentiner sonst stark kleben). Backbleche auf einem Kuchengitter etwas abkühlen lassen. Damit die Florentiner ganz rund werden, sollten Sie die noch warmen Plätzchen mit einem 7,5–10 cm großen runden Ausstechförmchen ausstechen. Die Florentiner fest werden lassen, auf ein Kuchengitter legen und vollständig abkühlen lassen.

◊ Die Florentiner auf der Unterseite mit geschmolzener Schokolade bestreichen, mit der Schokoladenseite nach oben auf ein Kuchengitter legen und 2–3 Minuten in den Kühlschrank stellen, bis die Schokolade gerade fest ist. Florentiner erneut mit Schokolade bestreichen, die Schokoladenseite mit Hilfe eines Messers oder einer Gabel mit einem Muster verzieren und auf einem Kuchengitter 10–15 Minuten in den Kühlschrank stellen.

Springerle

OHNE ABBILDUNG

ERGIBT UNGEFÄHR 72 STÜCK

Diese aus Deutschland stammenden Plätzchen werden mit Hilfe spezieller Holzformen oder Modeln angefertigt.

ZUTATEN

- ◊ 4 Eier
- ◊ 500 g Zucker
- ◊ 4 Tropfen Anisöl
- ◊ 500 g Weizenmehl
- ◊ Lebensmittelfarbe zum Dekorieren (nach Belieben)
- ◊ Wodka oder Wasser
- ◊ Anissamen zum Bestreuen

◊ Mit dem Handrührgerät die Eier in einer großen Schüssel 2–3 Minuten schaumig schlagen, dann den Zucker löffelweise nach und nach unterrühren, bis die Mischung dick und cremig ist. Bei niedrigster Stufe Anisöl und Mehl sorgfältig unterrühren, bis ein fester Teig entsteht.

◊ Den Teig auf etwas Klarsichtfolie oder Butterbrotpapier geben, mit Hilfe der Folie zu einer Scheibe abflachen, fest in Klarsichtfolie hüllen und 1 Stunde in den Kühlschrank stellen (jedoch nicht länger, da der Teig dann zu fest werden könnte.) Eine Hälfte des Teigs auf einer leicht bemehlten Arbeitsfläche mit einem bemehlten Nudelholz zu einem etwa 5 mm dicken Rechteck ausrollen. Model leicht mit Mehl bestäuben, überschüssiges Mehl abklopfen und fest in den Teig drücken.

◊ Model abnehmen, die Springerle mit einem Messer auseinanderschneiden und auf zwei große beschichtete Backbleche geben, dazwischen 1,25 cm Platz lassen. Springerle über Nacht bei Zimmertemperatur trocknen lassen.

◊ Backofen auf 150 °C vorheizen. Springerle 25–30 Minuten backen, bis sie ganz leicht gebräunt sind. Nach der Hälfte der Backzeit die Backbleche tauschen und drehen (von oben nach unten, von vorne nach hinten). Plätzchen auf ein Kuchengitter legen und abkühlen lassen.

◊ Lebensmittelfarbe mit etwas Wodka oder Wasser anrühren und die Mischung mit einem Backpinsel auf das hervorstehende Muster der Springerle streichen. Die Lebensmittelfarbe trocknen lassen, Springerle mit Anissamen bestreuen und in luftdicht verschlossenen Dosen etwa 1 bis 2 Wochen ziehen lassen.

Mandel-ziegel

OBEN UND RECHTS

ERGIBT UNGEFÄHR 30 STÜCK

Hierbei handelt es sich um eine der beliebtesten Plätzchensorten Frankreichs, deren Name – *Tuiles aux amandes* – sich von der in Frankreich weitverbreiteten runden Dachziegelform ableitet.

ZUTATEN

- ◊ 50 g ganze Mandeln, abgezogen und leicht geröstet
- ◊ 105 g Zucker
- ◊ 45 g weiche Butter
- ◊ 2 Eiweiß
- ◊ 1/2 TL Mandelaroma
- ◊ 30 g Weizenmehl, gesiebt
- ◊ 90 g Mandelblättchen

◊ Geröstete Mandeln und 2 Eßlöffel Zucker in einer Küchenmaschine sehr fein mahlen, in eine Schüssel geben und beiseite stellen. Backofen auf 200 °C vorheizen. Zwei große Backbleche gut einfetten. Mit dem Handrührgerät die Butter in einer großen Schüssel 30 Sekunden schaumig schlagen, den restlichen Zucker hinzufügen und weitere 1–2 Minuten schlagen, bis die Mischung locker und luftig ist. Mandelaroma und Eiweiß nach und nach hinzugeben und bei niedrigster Stufe das gesiebte Mehl vorsichtig unterheben. Anschließend die Mandel-Zucker-Mischung dazugeben.

◊ Höchstens 4 Plätzchen pro Backblech bereiten: Pro Plätzchen 1 Eßlöffel Teig auf das Backblech geben, dazwischen 15 cm Platz lassen, und mit der Rückseite eines angefeuchteten Löffels zu sehr dünnen, 7,5 cm großen Teigkreisen abflachen. Anschließend mit ein paar Mandelblättchen bestreuen. Jeweils nur ein Blech mit vier Keksen in den Backofen schieben und 4–5 Minuten backen, bis sie an den Rändern gebräunt und in der Mitte goldbraun sind. Backblech aus dem Ofen nehmen, dann eine Ecke eines heißen Plätzchens vorsichtig lösen und den Teig vom Blech nehmen. Jedes Plätzchen sofort auf ein Nudelholz oder ein Trinkglas legen und an den Rändern nach hinten biegen, so daß die spezifische Ziegelform entsteht.

◊ Falls die Plätzchen zum Formen zu brüchig werden, das Blech 30 Sekunden in den Ofen stellen, damit sie wieder weich werden.

REGISTER